獨裁的異議

從雅典民主、羅馬共和到近代獨裁的思辨

本村凌二 Motomura Ryoji 著
李瑋茹 譯

独裁の世界史

目次

【II】向古羅馬學習——獨裁是可以防範的嗎？

【IV】歷史的教訓——獨裁與未來

序　此時此刻，為何要探討獨裁？

我們能從歷史學到什麼？

在現今，許多日本人都認為「民主主義政治是正確的」。確實，若回顧人類的歷史，英國前首相邱吉爾那諷刺的名言可謂相當中肯：「民主是最糟糕的政治型態——除了那些我們已經試過更差的其他方式。」（一九四七年十一月英國眾議院演說）

不過在我們拆解人類歷史的同時，就會發現民主政體是極度不可靠又危險的事物。

比如最常被詬病的案例，就是透過當時民主選舉體制成立的希特勒、墨索里尼獨裁政權；法國大革命的雅各賓派獨裁，從立場上也可說是誕生於革命的民主政治狂熱。

再者，眾所周知古希臘雅典以實施民主政治聞名，但實際上雅典民主政治卻從民眾導向、讓煽動者無往不利的民粹主義（大眾迎合主義）淪為「暴民政治」，大概最多只維持五十至一百年就宣告失敗了。這裡所說的「暴民政治」一詞內含價值判斷的表達，一般來說學界並不喜歡這種用法，可是它卻比較能讓人聯想民粹主義的結果，因此我還是使用這個詞。

事實上，親眼目睹雅典民主政體失敗的柏拉圖，便認為應由教養、見識兼備的哲學家來領導獨裁，才是一個理想的政體。柏拉圖的學生亞里斯多德亦主張理想狀態應是以少數特定貴族把持政治權力的「貴族政體」，或由非貴族之少數適任者所帶領的「寡頭政體」。

從這些歷史之中，我們可看出現代民主政體絕非堅若磐石，甚至還含有許多危險的因子。

二〇二〇年，在中國武漢爆發的新型冠狀病毒肺炎以遠遠超過大家想像的速度在全世界蔓延，造成了前所未有的嚴重疫情。

在傳染病大流行之下，各國領袖的才能及手腕相對更為重要：各國狀況不盡相同——有的國家是強制嚴格封鎖城市；有的國家是向民眾委婉說明那些造成痛苦的必要策略，以防止疫情擴大；有的國家看人民的臉色再決定後續對策；有的國家則因輕視病毒威脅導導致疫情擴大。

中國身為新型冠狀病毒的發源地，從一開始就展現了「獨裁政體」國家之特質，隱匿疫情而造成全球大流行。然而另一方面，他們在國內疫情狀況惡化之後，就嚴密封鎖了武漢市，並使用監視器和人工智慧（AI）來管控隔離感染者，用強硬的極權統治手法來封鎖疫情。

一般來說，在緊急狀況下獨裁確實有其「優點」，它決定事情要比民主議會制度快得多，只要採取超越法規的措施，就無須對人民「要求自律」，又可以限制個人自由來防止疫情擴散。我們不能否認的是，在一個獨裁者統治的國家，無論在實施速度或徹底程度都相對有利。

而我們現在所面對的危機還不止病毒災害，像民主陷入「民粹」、即將墮入「暴民政治」的危險性也正明顯浮上檯面。

隨著全世界的階級差距擴大、價值觀多樣化，使得社會的分裂傾向越來越加深。比起「互相討論找出更好的結論」，用「煽動分裂對立來鞏固自己的支持者」等政治手段反倒更加有效，這種狀況即便在歐美亦不少見。甚至網際網路、社群網路服務（SNS）[1]的發展也動輒受到民粹政治手段影響，運用假消息操弄政治的情形總是屢見不鮮。

這些情況無疑都是一種「政治上的失敗」。再這樣下去，可能就會像古希臘的雅典民主政體一樣陷入暴民政治，遭逢重大危機了。

若想適當處理這些「政治上的失敗」、「政治的危機」，最好的方法就是從世界歷史中學習。因為人類在過往的歷史當中，已不知幾度重演過這些失敗。

何謂「獨裁政體」、「共和政體」、「民主政體」

本書將從不同角度解讀「獨裁政體」、「共和政體」、「民主政體」，希望能為現代的我們找出一些應該學習的教訓。

如若回溯近代以前的世界史，通常說它等同「獨裁的歷史」也不為過。君主立憲政治之建立——即十七世紀英國清教徒革命、光榮革命，以及十八世紀末的法國大革命以降，王權開始受到法律限制。在那之前，則如法王路易十四宣稱「朕即國家」一般，均是獨裁色彩濃厚的君主專制政治。

所謂「獨裁政體」，意指由單一當政者獨佔政治權力的政體：最上位統治者為皇帝者乃是「帝政」；以王為尊是為「王政」；還有王位可以世襲的「君主政體」；至於用武力奪取獨裁權力、自立為君主的，一般則稱為「僭主政體」。

當然，也不是沒有國家排斥獨裁。正是基於對「獨裁政體」的強烈反對，古希臘城邦（polis）如雅典、斯巴達衍生出「民主政體」，羅馬的「共和政體」亦維持了五百年。中世紀威尼斯的共和政體更為長久，在其被拿破崙征服之前，維繫了大約一千年之久。

---

1 譯注：SNS，即 Social Networking Services 之縮寫。

關於「民主政體」，我想已經不用再絮絮叨叨地說明了。正如它字面所寫，就是透過選舉等方式，集結人民意願而行使的政治。

那麼，「共和政體」又是怎樣的政治體制呢？

古羅馬所採用的典型共和政體，對日本人來說可能非常難以想像。

若向歐美人提到專擅的「獨裁政體」，與之對比的大概就是「共和政體」，「民主政體」則為順勢而出的觀念；然而多數日本人卻傾向將「獨裁政體」與「民主政體」互為對比。由於我們彼此走過的歷史不同，這種差異或許是不可避免的，但我認為如果不去學習「共和政體」的智慧，那就實在太可惜了。

「共和政體」是集團統治導向的政治體制，這點倒是跟貴族政體、寡頭政體有部分相似。這些我會在本書第二部做詳述，共和政體是由羅馬公民所組成的「公民大會」選出最高統治者「執政官」為首的政務官，並由權勢、見識兼備的貴族組成「元老院」，以向公民大會、執政官提出建言的方式掌理國政。

「元老院」正是羅馬共和政體的重心。如前所述，「由權勢、見識兼備的貴族組成『元老院』來掌理國政」，才能克服暴民或獨裁政治的危機，維持五百年的「共和政體」，實現了羅馬的繁榮景況。總之，羅馬共和政體乃是建構於「獨裁」、「貴族」、「民主」三種政體的平衡之上，並以「元老院」為核心，彼此相互監督以求有效發揮功能。

此外，羅馬共和政體還有個值得一提的重點，就是它並不會為了防止獨裁，就完全排除獨裁元素，而是採用有所限制卻又能靈活行事的方式來經營國家。換句話說，他們平時重視合議並據此決定事務，不過在發生大型戰爭之時，亦可賦予執政官獨裁的權限。倘若發生疫情感染，這也將是一個可能靈活應對自如的體制。

羅馬人既有獨裁的歷史經驗，便知不可一概而論，認為「獨裁即惡」吧！事實上，正因羅馬有優秀的「獨裁官」（拉丁文：dictator），才能屢屢度過國難。羅馬共和政體的「獨裁官」，也是我們今日「獨裁者」（英文：dictator）一詞的字源。獨裁官均設有任期限制以防止腐敗，關於其於任期中犯下的過錯，爾後也時有追訴。這些都是為了防止權力濫用或政治的失敗。

本書目的與架構

本書將以宏觀角度解讀歷史，重新思考關於「政治的失敗」的各種難題，比如：獨裁者會在何時出現？獨裁者是否可能成為強大的領導者？在曾經對獨裁政體習以為常的世界，為什麼會誕生希臘的直接民主政體、羅馬的共和政體等政治體系呢？而人類既然已經從中學到智慧，為何獨裁者還會一再重現？我們究竟應該從歷史學習什麼，又應該如何追本溯源、向古代學習？這些都是必須思考的課題。

本書大致分為四個部分：

第一部談古希臘。為什麼在雅典、斯巴達會產生世界最早的民主政體呢？在此將立足於希臘的獨裁歷史，尋思民主政體的價值和缺點。雅典民主僅僅不到一世紀便以失敗告終，在這段歷史始末之中，也包含了可作為今日教訓之事。

第二部來探討古羅馬。羅馬人歷經王政獨裁，又從希臘的失敗中有所學習，從而創造出共和政體的智慧。只是共和政體雖然一度撐起羅馬的空前盛況，最終還是土崩瓦解。我將在此部分嘗試討論箇中實情。

第三部以企圖脫離絕對專制王政的十八世紀以降為題。檢視法國、德國、俄國、義大利各地出現的獨裁者們，探究為何人類無法防止他們的崛起。

最後第四部則是介紹中世紀威尼斯的共和政體，這長達一千年的威尼斯共和政體將帶給現代日本許多啟示。另外我還會參考以色列歷史學家哈拉瑞（Yuval Noah Harari）提出的「數位獨裁」，探討那些與科技結合的現代化統治狀況。

再來就如目前大家所看到的「民主政體」、「共和政體」，本書將統一使用「政體」而非「制度」。理由有二：

其一是進入近代以前，三權分立、主權在民的制度尚未嚴格確立。前近代的政治特徵，普遍是建立在人民所認知的「權威」，而非政治制度。

其二在於制度與政治實情的背離情形。譬如中國的正式名稱為「中華人民共和國」，北韓為「朝鮮民主主義人民共和國」，實際上都是一黨獨裁的國家。無論怎麼看，中國、北韓的政治體系，與同樣擁有「共和國」之名的法國、德國截然不同。

本書序言大致就說到這裡，期盼這橫跨二千五百年的獨裁世界史，能夠對今後的社會有所助益。

I

獨裁是全然的惡嗎？——向古希臘學習

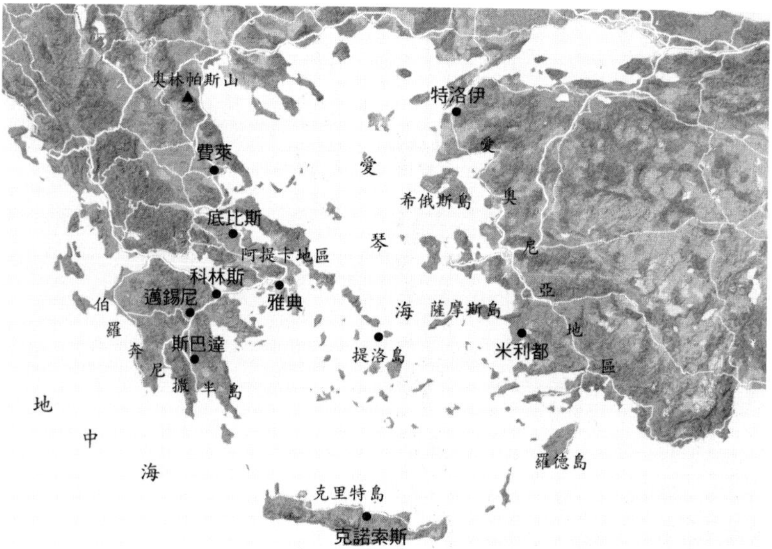

本書提及之古希臘城邦分布圖

第一章　古希臘的獨裁

我們可以從古希臘學習什麼？

第一部要談的是古希臘。我們先來看看希臘「城邦」（polis）形成之前的西元前八世紀、到幾乎所有城邦都被北方馬其頓王國（Macedonia）征服的西元前四世紀，這段約四百年間的歷史。西元前八世紀的日本正值繩文時代，前四世紀則是進入彌生時代，那時人民都還過著相當質樸的生活。

一說起古希臘，就會讓人想到城邦；說起城邦，就會想到雅典（古雅典）；而說起雅典，就會想到是蘇格拉底（Socrates）、柏拉圖（Plato）等人才輩出的民主式理想國家——相信許多人都存有上述的既定印象。

這些印象雖不能說有錯，但這種聯想確實有所遺漏，而這將是我們探討「獨裁」時必須先掌握的重點。

首先，猶如希臘代名詞的「城邦」並非起源於希臘。譬如在西亞底格里斯河（Tigris）、幼發拉底河（Euphrates）流域一帶的美索不達米亞（Mesopotamia），早在西元前四千年就形成了城邦，比希臘早了三千年以上。當然，即便在希臘跟美索不達米亞都有城邦，兩者規模、內容均有相當大的差異。

再者，「說起城邦就會想到雅典」這種聯想也是需要小心的。在地中海東部、愛琴海沿岸一帶的古代希臘世界，有將近一千五百個城邦散落在此，雅典僅是其中一個而已。這裡的每一個城邦都是獨立國家，跟現在日本這個國家有東京、大阪等「都市」的意義不同。當時希臘不是一個統一的國家，雅典也不是希臘的首都。

最重要的一點是，在眾多的城邦當中，只有雅典、斯巴達（Sparta）等極少數能克服獨裁政體且實現民主政體，甚至雅典還能維持這好不容易形成的民主政體長達一百年，箇中原因我將在後面另外說明。

無論如何，歷經君王、僭主等獨裁體制後，古代希臘城邦的確建立了世界上最早的民主政體。那為什麼是在希臘發生呢？他們又是怎麼封鎖獨裁的？既然要學習這段歷史，我們就先來看看城邦的成立、以及從前希臘世界的樣貌吧！

人之所在，文明之所在

西元前八世紀起，希臘世界的人口開始急速增加。

在西元前一千二百年之前，希臘世界的「王國」群起而立。各王國皆有君王居住的雄偉宮殿，周遭散布幾個村落，實施支配者君王向各村落徵稅的「納貢王政」。這個時代的君王稱為「瓦納克斯」（anax），其王宮社會手握軍隊和大批的奴隸。村落及其居民（多數為農民）稱作「德莫」（demos），由稱之為「克瓦西雷伍」（qasireus）的豪族領袖統領。

然而到了西元前一千二百年左右，奢華的王國宮殿被破壞殆盡——此非村落人民發動叛亂所致，據說是當時東地中海一帶發展勢力的「海上民族」為掠奪目的而襲擊王宮。

事實上，在這個時期瓦解的還不止邁錫尼（Mycenae）、特洛伊（Troy）等希臘王國，曾征服美索不達米亞、構築鐵器文化的西台帝國（Hittites）已然滅亡，統一埃及的埃及新王國[1]亦正走向衰亡，在此當下，整個東地中海域幾乎都處在混亂危機之中。

在接下來的三百至四百年間，是為東地中海世界的「黑暗時代」，這段期間極度缺乏史料，無法瞭解其詳細情形。或許未來隨著考古學的挖掘進展，其歷史樣貌也能夠有所改變。不管怎麼說，現在它被稱為混亂的「黑暗時代」，或者又以英雄輩出而稱作「英雄時代」。

經過漫長的黑暗時代，接著「集住」（synoecism）行為開始在希臘世界擴散開來，總歸就是在一些聚落之中，人們會聚集到落腳條件最好的地方生活。

這段期間所建構的大型聚落，就是具有都市功能的「城邦」。城邦新興的有權有勢者，正是從前擔任村落領袖的豪族們。統治城邦的君王稱為「巴西琉斯」（basileus），這是從王政時代村落領導者「克瓦西雷伍」轉變過來的稱謂。到這裡我們可以知道，對於在城邦生活的人們而言，「巴西琉斯」的存在要比過往的君王「瓦納克斯」來得親近許多。

在瓦納克斯君臨天下的時代，可謂完全的獨裁政體。不過當時的村落社會容許「克瓦西雷伍」（豪族）與「德莫」（人民）做協調，瓦納克斯倒不算是完全的專制。同樣地我們也瞭解到，在城邦裡，巴西琉斯等有力人士與一般民眾的距離較為接近，這點可視為希臘民主誕生的基礎。

其實各個城邦在小高丘上都建有象徵國家的衛城（acropolis），雖然他們也建造了大規模的建築物，卻非作為統治者居城的「宮殿」，而是守護民眾神靈所在之「神殿」。亦即城邦是由一群信仰共同守護神之人聚集形成的共同體國家。

1 譯注：指埃及新王國時期。

雅典衛城與戰神山議事會

△

德國新古典主義畫家萊奧・馮・克倫茨（Leo von Klenze）發表於 1846 年的作品，
根據古典文獻描繪了雅典民主全盛時期的政治象徵
——擁有巨大雅典娜女神像的帕德嫩神廟以及戰神山議事會。

貴族與平民之間產生的對立

儘管城邦號稱城市國家，一個個城邦的規模倒是小得很，公民人口最多約數千人而已。像全盛時期有三十萬人（核心成員之成人男性公民約有四萬人）的雅典，可說是例外中的例外。

城邦在草創階段時大多實施貴族政體，雅典也不例外。而在巴西琉斯作為君王統治的短短期間內，城邦權力就已經遭到分化。「巴西琉斯」是主持祭祀的長官，「執政官」（archon）掌管政治、行政，「軍事執政官」（polemarchos）則是掌管軍事的長官，再加上六名書記，共計九人一同執行國政。而後更由這些公職的任職者開設「戰神山議事會」（Areopagus）[2]，他們會在議會選出執政官，所以可說是貴族透過戰神山議事會這類型的委員會，來執行團體領導的體制。

2 譯注：「戰神山議事會」為古希臘雅典的最高政治機構，以會議廳設在雅典衛城西方的阿瑞斯（希臘神話戰神）山丘而得名，具備決議城邦大事、立法及審判等功能。

只不過，在同樣身為城邦公民的貴族與平民之間，終究還是產生了嚴重的對立。隨著平民的力量日益增強，他們也漸漸對少數貴族統治的情況心生不滿。

他們不滿的根源在於貧富不均。由於貴族持有大部分的土地，多數平民只能向他們借用農地，在遍行貿易自由、貨幣經濟的雅典，便逐漸形成富者日益富有，窮人只能不斷借貸、在窮困中苟延殘喘的景況。

此時出現了梭倫（Solon）這號人物。他是出身於雅典的貴族，曾在後世柏拉圖對話錄的〈蒂邁歐篇〉（*Timaeus*）及〈克里提亞斯篇〉（*Critias*）裡登場。

西元前五九四年前後，梭倫獲選擔任執政官，他想要解決貴族與平民之間的對立問題，也取得雙方的支持，透過選舉獲得了暫時的獨裁權力，而他在此時實行的正是「梭倫改革」。

在那時的雅典，有越來越多生活貧困的市民賣身來抵押借貸，因為是用人身作為抵押，意即未能還債時，他們就會變成債權所有人的奴隸。於是梭倫為了解決負債問題，遂施行名為「解負令」之改革。此舉可解除造成平民重擔的借貸，同時解放淪落至奴隸境遇的雅典市民。梭倫更禁止以人身抵押借款，也禁止有力人士獨佔土地，來

立法者梭倫
△
圖為 1832 年出版於日耳曼地區的版畫，描繪了雅典的立法者梭倫（左方站立者），
向公民群眾解釋法律內容的場景。

防止平民為借貸而陷入危機。

從「家世」到「財力」

另一方面，平民之中也有人累積了可與貴族比肩的財力。梭倫以持有財產的多寡將公民分為四個等級，並依等級訂定權利義務。因此有多少財產，就必須實踐多少指定義務，即使不屬於貴族也可參加國政。

梭倫制訂的最高等級是「五百麥丁尼」（pentacosiomedimnoi），有就任將軍職的資格；第二級「騎士」（hippeis），是財富豐厚可擔任騎兵參戰之人。前面這兩種階級均可參加戰神山議事會，也具備參選執政官的資格。第三級「雙牛」（zeugitai），是財富足以擔任重裝步兵之人；最後一級「日佣」（thetes）則是負擔不起軍事武裝的小農民和體力勞動者[3]。

從以上劃分就可看出，他們想要知道人民能用保家衛國的戰士身分做出多少貢獻。簡單來說，人民能否自行整備戰事所需的武器、武裝，就是一個衡量財力的指標。

首先，要當一個能支撐城邦社會的公民，原則上必須是捍衛國土的戰士，還須自行準備戰鬥裝備。故而在戰事時有能力自備武裝、並以戰士身分保家衛國的人，平時在政治場合才能持有發言權力。

他們認為，公民要賭上生命、財產去參加保衛國家的戰事，才會認真思考應該為國家做些什麼。為了將這些意見和想法廣泛反映於國政之上，梭倫採用「財力」作為劃分基準，亦即規定按照公民對國家大事的貢獻程度，而非是否身為貴族的「家世」，來賦予相應的政治權利。

當時握有政治實權的是貴族，雅典固然設有一般公民組成的「公民大會」（ecclesia），下層公民卻不得參加該會議。不過梭倫開始同意讓最下層的「日佣」參加公民大會，並設立全體公民都有參加資格的民眾法庭。民眾法庭的陪審員皆不問家世、層級，一律採用抽選制度。

3 譯注：在梭倫的分級制度裡，「五百麥丁尼」是指可每年有五百麥丁尼（古希臘容積單位，多用於測量穀物）單位生產量的人，「騎士」乃是每年三百個單位的生產量，「雙牛」為每年兩百單位生產量，「日佣」則是每年生產量在兩百單位以下。

換句話說，梭倫在賦予公民選拔官員權力的同時，也讓他們有權制裁不尊民意的官員。

強硬奪權的「僭主」現身

梭倫實施的一連串制度改革，可謂促使民主政體誕生的布局。只是貧民借貸既然被禁止，就意味著貴族債主將有大量損失，因此貴族們當然反對梭倫的政策。除此之外，他土地重新分配的改革措施也未能治本，不能從源頭去消除平民們的不滿，致使雅典更加混亂。

梭倫強制執行改革以後，就自行放下這臨時受命的獨裁大權，出門旅行去了。相傳那些無法接受改革的貴族、不甚滿意的平民們，認為梭倫是為了讓他們無法要求修正或廢止法律，才離開雅典的。不論以上真偽如何，梭倫不在雅典的期間確實掀起了三個黨派相爭的「黨爭」（stasis）。

這場黨爭起於彼此意見或要求相左的海岸、平地、山地等三大族群，以及他們各自侍奉的有力貴族，是一場「代理權抗爭」。由於雅典貴族之間的鬥爭太過激烈、一發不可收拾，他們甚至難以選出握有政治實權的執政官。在希臘文中，像這種「沒有執政官」的狀態會在「執政官（árchōn）」一字前方加上「A」。加上「A」作為開頭母音後，發音即變成「anarchos」，這個字後來成為「無政府主義」（anarchy）的字源。

不論在什麼時代，只要一直處在無法選拔政治領袖的無秩序狀態下，就會出現強硬奪取權力之輩。即使雅典看似已有梭倫的改革為民主化鋪路，仍舊不能例外。西元前六世紀中葉，一位「僭主」（tyrant）在雅典無政府的混亂狀態中現身，他就是梭倫的親戚、統領山地族群的庇西特拉圖（Peisistratos）。

庇西特拉圖極力主張終結派系，並謀劃以僭主之身分統治雅典。在外旅行十年歸來的梭倫發現了庇西特拉圖的企圖，發動了激烈的抵抗，他向雅典人警告獨裁的危險性，然卻無法獲取民眾支持，結果就如梭倫的警示，庇西特拉圖違法當上了僭主，失望的梭倫此後便在賽普勒斯（Cyprus）結束了他享壽八十年的人生。

「僭主」是西元前七至前六世紀之間出現於各地城邦的統治者，其中有許多是趁貴族彼此勢力平衡崩壞時，採用不合法的方式奪取政權。在日本，人們總有「古代希臘城邦＝民主政體」的既定印象，其實多數城邦都是由貴族政體轉為獨裁的僭主政體，而且維持了相當多年。

平民擁戴的獨裁者

我們來總結一下目前講過的內容：在西元前一千二百年左右，希臘世界尚為獨裁王政，黑暗時代過後諸多城邦誕生，開啟了豪族、權貴主導的貴族政體。然而之後貴族間掀起派系鬥爭（黨爭），獨裁僭主遂趁亂而起，而最早在雅典實施僭主政體的人便是庇西特拉圖。

那麼庇西特拉圖又是如何當上僭主的呢？根據史料所述，他一開始先集結了五十人規模的軍隊，接著捏造一個事件好讓軍隊合理化：那就是他自稱被暴徒襲擊，這支軍隊是他用來防衛的禁衛軍。

於是，庇西特拉圖透過這個捏造謊言取得了公民大會的認可，然後驅使自己的軍隊佔領雅典衛城，強行登上僭主寶座。也難怪目擊此情此景的梭倫要奮力反抗，對民眾發出強烈警告。

在那之後，庇西特拉圖曾二度被雅典流放，每次都靠著他的智慧返回。從西元前五四六年他第三次成功回歸、到前五二七年他過世為止，雅典都維持著安定的政權。

誠如各位所知，庇西特拉圖是位違法奪取政權的獨裁者，可是支持他的人竟是對貴族政體不滿的平民。他在平民的支持下，以武力徹底排除政敵與敵對勢力，也導正貴族政體之弊病，同時還積極推動充實國力的政策，安撫了平民的不滿。

事實上，這位「獨裁者」還讓雅典迅速地繁榮起來。在當時的希臘世界，以海上貿易繁盛的科林斯（Corinth，位於雅典西南約八十公里的商業型城邦）原比雅典富庶，其所製造的陶器較為優良。然則到了庇西特拉圖的時代，雅典也能量產品質優良的黑繪式陶器，輸出到愛琴海沿岸，並且於這段期間正式鑄造貨幣。

換句話說，雅典在庇西特拉圖時期大幅增強國力，同時奠下成為希臘最大城邦的基礎，這是無庸置疑的事實。縱使貧富差距尚在，只要雅典國力夠充實，整體上還是能撫平民眾的不滿。

從這裡我們能獲得一個歷史教訓：就像我們所看到的現代中國，只要其維持經濟穩定成長、國力持續上揚，就算國內有貧富差距和各種不滿之聲，依舊很難被當成動搖當局政權的重大問題。同樣地，僭主庇西特拉圖正是以增強國力來收束平民的不滿。

當然，我並不是想要大肆讚賞庇西特拉圖。舉例來說，他一邊致力保護、培養自己的平民基本盤——特別是農民階層，一邊又沒收民眾的武器。正如豐臣秀吉曾以鑄造方廣寺大佛為藉口沒收刀劍，古希臘也用這一招來強制讓農民專心從事農務工作。此外，庇西特拉圖還從農民身上收取收穫量十分之一的稅金，又讓自己的親族和親信擔任城邦要職。總結來說，就他打破貴族政體的意義上來看，他確實是民眾的盟友，但他另一方面也是一位強烈反民主、反城邦的「獨裁者」。

僭主政體的終結

庇西特拉圖的盛世維持了將近二十年，後來的亞里斯多德（Aristotle）指出，雅典之所以能維持這長治久安的獨裁政體，乃是繫於庇西特拉圖自身的才能。他還說這位僭主是民主且博愛之人，向來做任何事情都合乎法律，非以個人利益為考量。儘管這個評價適切與否著實令人懷疑，不過在看過往後漫長的世界史足跡後，庇西特拉圖的確可說是一位「賢明的獨裁者」。

只是「賢明的獨裁者」不一定就有賢明的孩子。庇西特拉圖有兩個兒子，分別是希庇亞斯（Hippias）、喜帕恰斯（Hipparchus）兄弟二人，庇西特拉圖死後，兄弟二人便繼承其獨裁權力，共同統治雅典。

二人共治期間政治尚算穩定，或許是他們承繼了賢明父親的遺願，也有人認為是他們兄弟彼此牽制能夠遏止苛政。

然而在西元前五一四年時，弟弟喜帕恰斯捲入了同性三角戀愛關係而遭到殺害，倖存的哥哥希庇亞斯變成唯一的僭主，爾後漸漸化身為殘酷的暴君，徹底顯露出獨裁政體的負面部分。任性主政的希庇亞斯最後在西元前五一〇年被群起而攻之的雅典公民流放，雅典僭主政體遂於第二代告終。

自庇西特拉圖當上僭主、到希庇亞斯被流放為止總計約三十多年，三十年跟日本平成年號時間相當，意謂著僭主政體很快就崩解了。

順帶一提，希庇亞斯被流放後逃亡到阿契美尼斯（Achaemenes）統治的波斯帝國，二十年後希臘與波斯爆發第一次波希戰爭（Greco-Persian Wars）時，希庇亞斯加入波斯軍隊，在後來知名的馬拉松戰役（Battle of Marathon）中引導波斯軍隊在馬拉松登陸。換言之，他從一個最差勁的獨裁者，變身成了最差勁的叛徒。

看來希庇亞斯是想要利用波斯來重返雅典僭主之位，可是在希臘城邦聯軍打敗波斯之後，這份野心也隨之破滅。

至於雅典誕育新生之民主政體，那又是公民推翻希庇亞斯、僭主政體崩解之後的事情了。

第二章　民主政體就是這麼誕生的

在恐怖政治之後

歷經希庇亞斯的獨裁恐怖政治後，雅典人深切感受到必須建立一個能遏止僭主政體的機制，而西元前五〇八年的「克里斯提尼大改革」，正是這個想法的具體實踐。

在希庇亞斯流亡後的政權鬥爭之中，有一位廣受民眾支持而當上執政官的人物，那就是身負政治世家純正血脈的名門貴族克里斯提尼（Cleisthenes）。他的祖父是知名的西錫安（Sicyon，位於伯羅奔尼撒（Peloponnesian）半島北部、科林斯西北的城邦）僭主，克里斯提尼自己則是相當於民主派系黨魁的存在。他施行改革的主要目的，就是要防止僭主再度出現、並且確立民主政體。

他首先解散過往有利害衝突的四大部族，再重新編成十個部族。「十部族制」可以提供更多人參政的機會，每一個新部族都包含舊的四大部族成員，讓組成更趨於平均。

然後克里斯提尼再以十部族制為基底，從每個部族各抽選五十人，建立了共計五百人組成的「五百人會議」（boule），視會議為討論國家實際營運事務的場域。其中值得注意的是它防範獨裁的觀點：會議規定成員任期均為一年，且禁止連任，一生也只能再任職一次。

克里斯提尼還採用防堵獨佔公務特權、權利的方針（十人同僚制）。比如他為了避免將軍職（strategoi）獨佔功勳、受眾人擁戴，就改由各部族選出一人，共計十人來共同擔任將軍職。

而這一連串改革都是立基於新設的行政單位「區」（demos）。克里斯提尼統整自古以來已自成共同體的村落，將雅典統治範圍下的阿提卡（Attica）全區重新劃分成規模差不多的一百三十九個區。接著以這些區為基本單位編成十個部族，奠下了克服獨裁的民主政體基石。

各區由區長負責管理區民戶口名簿，只要是上面記錄滿十八歲以上的所有男子，都有參加公民大會的資格。再者，除了全體公民的「公民大會」之外，各區還會召開「區民總會」，在此談論日常生活課題。

不管人民現居雅典何處，所屬區均應歸於創設區域制度之時、其父系祖輩所登錄的區。是以在改革之前，大家原本習慣彼此互稱為「某某之子某某」，改革後就改稱作「某區的某某」了。

「Demos」一詞原指村落、或是在那裡生活的民眾，自克里斯提尼改革以降，便轉為堪當民主政體基石的行政劃分區域。於是「民主」（democracy）一詞就此誕生，意即由「民主式公民團體」（demos）來「統治」（cracy）。

用投票來流放惡人

克里斯提尼執行的各項改革中，最有名的即為「陶片放逐制」（ostracism）。這可說是克里斯提尼對獨裁僭主的防患未然機制，也象徵著他的民主政體目標。

刻有放逐者姓名的古雅典陶片

△

西元前 482 年的陶片，上面刻著被流放者的姓名：

「泰米斯托克利，尼可拉斯之子」

（希臘原文：Θ Ε Μ Ι Σ Θ Ο Κ Λ Ε Σ Ν Ε Ο Κ Λ Ε Ο Σ）。

「陶片放逐制」到底是怎樣的制度呢？那就是當雅典公民認為某個人物有化身獨裁者疑慮時，便能將他的名字刻在陶器碎片上提名。如果該名人選的提名陶片超過六千片，即可冠以動搖民主政體的危險人物之名，對他處以最長十年的國外流放。

「陶片放逐」是克里斯提尼改革的重點，似乎也可當成民主政體的代名詞。可是該制度在實際層面上反倒淪為政爭的工具：例如他們會把政敵領袖的名字刻記在陶片上，有時根本無關對方是否有成為獨裁者的危險性，只是單純不滿就在陶片上刻字提名，並且呼朋引伴一起投下流放票。因此陶片放逐制不一定能發揮正確的功能，也就是擔任從獨裁者手中守護民主政體的防波堤。

在現代的選舉，我們是要選出能夠代表公民的合適人選（假如有得選的話），但克里斯提尼想出的系統卻是要選出「應該排除的人」。而且還有一個問題在於此乃不記名投票，無從知道誰是告發者，導致陶片放逐制度被利用於派系鬥爭，不是選出對國家有害的危險人物，而是要剔除自己的絆腳石。

這裡似乎又有我們應該學習的教訓了：現今的社群網路服務和網路上，到處充斥光憑真偽不明資訊來貶低討厭對象的言論。這就如同過去用來防範獨裁的陶片放逐制遭到惡意濫用一般，社群網路服務和網路似乎不見得可以導向優良的政治。事實上，關於陶片放逐制能發揮多大功用這點，多數研究者都是抱持否定意見的。

說起曾經被陶片放逐的案例，據傳包含波希戰爭的英雄泰米斯托克利（Themistocles）在內共有十二人。其實克里斯提尼自己也吃過陶片放逐的苦頭，曾被流放了一年。

以上姑且不論，光就他們能刻下欲放逐之人名來投票這一點，即可顯示當時雅典公民書寫文字的狀況。縱使不是全員識字，也足以想像其識字率有多麼高了。說來說去，若是貴族或一部分的平民沒辦法解讀文字，克里斯提尼的改革就無法成立。至於這些刻下公民政治發表意見的陶片（ostracon），我們今天可在雅典的「古市集博物館」（Museum of the Ancient Agora）中看到實物。

戰爭助長民主政體

民主政體起於梭倫改革，克里斯提尼改革再使其前進了一大步。在西元前四六二年時厄菲阿爾特（Ephialtes）執行的改革中，又將歷史可遠溯自城邦草創時期的貴族委員會「戰神山議事會」的實權剝奪殆盡，改以「五百人會議」和「公民大會」取而代之。在那之後，最低階層公民也被賦予擔任公職的資格，直到西元前五世紀中葉左右時，雅典民主政體的制度終於大致完成。

但是，無論怎麼去整頓制度，只要身為主角的民眾缺乏政治意識，民主政體就難以運作。倘若包含下層公民在內的全體公民沒有萌生肩負國政、自己國家自己經營的自覺，那麼克里斯提尼苦心建構的民主架構也只能是紙上畫的大餅而已。

那麼，雅典究竟是怎麼完成具有真實意義的民主政體呢？其實就是靠「戰爭」製造契機，他們與進攻希臘世界的大國波斯開戰，亦即所謂的「波希戰爭」。

西元前四九〇年的第一次波希戰爭以馬拉松戰役為代表，主要是採陸戰形式。在戰爭中最活躍的正是以重裝步兵之身參戰的富裕公民。誠如前述，一個城邦公民必須身兼防衛國家的戰士，還能自備參戰所必須的武器、裝備。無力自備武器的下層公民，就算從軍也只能做後方支援，從事搬運物資、拉車程度的工作，不能瞭解前線狀況。他們對於波斯是何等強大的國家、本國到底處於何種危機並無實感，也無法提高對國事的興趣或關注，以及身為國家一員的意識。

直到第二次波希戰爭（西元前四八〇年），上述狀況才有了大幅改變。希臘城邦聯軍在馬拉松戰役好不容易取得勝利，而敗給小小城邦的大國波斯企圖一雪前恥，正虎視眈眈地等待機會。果不其然，十年後便爆發了第二次波希戰爭。

第一次波希戰爭以後，雅典為了應付往後戰役而打造戰船，這可歸因於雅典在近郊的勞里安礦山（Laurium）發現了銀礦，並藉礦業開採賺得豐沛的軍用資金。

還有當時的雅典領袖泰米斯托克利亦主張強化海軍力量——儘管雅典國內也有出現要求將開採銀礦所得財富分配給公民的聲音，不過泰米斯托克利告訴他們：波斯先前在陸戰吃了敗仗，接下來肯定會率領海軍再度攻來，所以增強海軍是我們的當前要務。

話雖如此，下層公民卻不知波斯的可怕之處，於是泰米斯托克利施了一計，他告訴大家：敵人就是隔著薩拉米斯灣（Salamis Bay）相對的鄰近島國愛琴娜島（Aegina），好讓民眾眼中看得到一個真實存在的敵人。泰米斯托克利靠著詭辯贏得民眾支持，其海軍主張也成功奏效，為希臘城邦聯軍拿下第二次波希戰爭的勝利。

三列槳座戰船結構圖

△

三列槳座戰船之名來自船身兩側的三排槳，每槳配備一名划槳手，
能迅速轉彎與加速，是西元前 7 至 4 世紀地中海的主流戰船。
划槳手一般由奴隸充任，但在雅典則是由自由人擔任。

雅典憑藉海軍力量獲勝這一點，對於完成民主政體來說至關重要。而其中關鍵就在於雅典所擁有總數約一百或兩百艘軍艦的船艦構造。

此時他們打造的雅典戰船叫做「三列槳座戰船」（trireme），船身最下層需要大量的人力來划船。戰船上方是以戰士身分參戰的貴族及富裕公民，無力自備武裝的多數下層公民就擔任下方划槳手。當民眾都成為保家衛國的一員、目睹戰爭現實的時候，他們就會萌生要用自己雙手來守護國家、創建國家的意識——這可是打陸戰時想都想不到的。

第二次波希戰爭的海軍主張成功助長了克里斯提尼所創造的制度，終於能讓雅典民主政體正式運作。我在本書第二部要談的羅馬亦是如此，「參加戰爭」是推動民主化的重大契機。

對現代日本人來說，自然是不願作為戰爭的一員。然而綜觀世界史，特別是在第一次世界大戰這種全面戰爭以前的社會，確實有些歷史案例是採用某種形式參加戰爭，經由擔任國防戰鬥之職來喚起人民對國政的關切，藉以形成公民自覺，並連結其權利主張。

「不苟言笑的男人」及其盛世

以雅典為首的希臘城邦聯軍兩度在大戰中擊敗波斯，雅典也在爾後的伯里克里斯（Pericles）時代確立了民主政體。

伯里克里斯於西元前四四三年的選舉獲選將軍職位，統領著西元前五世紀後半的雅典。他是創建民主政體規範的克里斯提尼姪女之子，也和繼承克里斯提尼改革並持續推進的厄菲阿爾特是好友。

有此一說，伯里克里斯雖是翩翩美男子，還有天生雄辯之才，卻是個「不苟言笑的男人」。關於雅典的民主政體理想目標，伯里克里斯曾留下一段演說，在此向大家介紹：

「我們的政體並非因襲鄰邦的制度，我們不僅追求一個理想，更要成為一個典範。這個制度之所以被稱為「民主政治」，乃是因為權力掌握在多數人手中而非少數人。在我們的國家，當有私人糾紛發生時，依法規定人人都有平等發言的權

發表國葬演說的伯里克里斯

△

德國畫家菲利普·福爾茨（Philipp Foltz）發表於 1852 年的作品，
描繪了在國葬場合，向群眾發表著名的《國葬演說》的伯里克里斯
（圖中戴頭盔的站立者）。

利。不過一個人是否能以才能卓越出世，並不是依循毫無差別的平等，而是根據世人對其能力之認可，給予相應的高等公眾地位。就算出身貧窮，只要能成為對城邦有益之人，那麼貧困就不會造成他的阻礙。我們將盡情享有自由，且致力於公眾服務；我們無須活在日日相互猜疑的目光之下，可盡情享受自由的生活。即便鄰人追求他的快樂，我們也不會對此生氣，不會對於沒有產生實際損害的事情感到不快、冷眼相待。我的個人生活不會與眾人相互掣肘，然事關公眾之時，便深以違法犯禁為恥。我們總是追隨時任者，尊崇法律，尤其不忘尊重那些保護弱者的法律、以及能喚起眾人羞恥心的不成文規定。」

（修昔底德（Thucydides），《戰史（上）》[1]，久保正彰譯、岩波文庫。）

世界最早的民主政體訴求如此高尚的理想，至今仍留存在我們這些現代人的記憶

1 古希臘文書名 *Ἱστορία τοῦ Πελοποννησιακοῦ Πολέμου*，簡稱 *Ἱστορίαι*（拉丁文 *Historiae*，原意為「調查、報告、歷史」），一般中文譯為《伯羅奔尼撒戰爭史》。

裡面。

雅典民主政體的光輝五十年

伯里克里斯這番演說的背景所在，乃是採取抽選制度的直接民主政體。雖然有一部分要職是用投票選出，掌管政治、行政的執政官還是由抽籤選出的九人組成合議制。任期以一年為限，不可再度重複擔任。

除此之外，為了能讓貧窮公民獲選民眾法庭陪審員、或五百人會議成員時，能夠安心專注於公務，伯里克里斯還導入了薪水制度。由於薪水乃公費支付，所以也制訂限制公民身分的法律，稱之為「伯里克里斯的公民權法」，規定往後只有雙親皆在雅典出生者才有公民權。但此舉又致使雅典公民權封閉，實際情形我們留到下一章再說明。

伯里克里斯擔任將軍職大約十五年，其前後五十年可謂雅典民主政體的全盛時期。此時已與波斯和解，並在國內實施民主，國力也相當充沛，同時建造了帕德嫩神殿（Parthenon）和海羅德斯阿提卡斯劇場（Odeon of Herodes Atticus）。

那麼，統領雅典民主政體的泰米斯托克利與伯里克里斯，他們跟受到民眾支持而成為僭主的庇西特拉圖，有什麼地方、或是怎樣不同呢？

如前所述，僭主庇西特拉圖在某種程度上也是「多數人」民眾的盟友，然而他吸取了「民眾的不滿」，趁勢當上僭主，換句話說，他的統治即因應民粹主義（populism）而起。另一方面，泰米斯托克利、伯里克里斯並未遇上民眾不滿的狀況，他們是明確表達「國家需要什麼」、藉以說服民眾，我認為這種政治手腕即使在世界史上也屈指可數。

庇西特拉圖的獨裁僭主政體也有好的一面，獨裁政體的強項就是高層可以判斷與決定任何事情。只要遇到一位真正賢明的僭主，就不會被民眾的聲音拉著走，可實行國家必要之大事。就像前面所提過的，雅典之所以能在庇西特拉圖的時代擴充國力，或許就是因為他身懷「足以實行獨裁的才能」。

說到底，領袖才能這一點在民主政體上亦同，如果有泰米斯托克利、伯里克里斯之流的領導者應該就是好事。只是一旦沒有他們，民主政體可能就會像溜滑梯下滑般走向衰敗。事實上，雅典在伯里克里斯之後的歷史足跡，就留給我們這樣的教訓。

最重要的是，不管獨裁還民主政體，若喪失優秀的領導者，接下來的有力人士一定會趁勢利用民眾的不滿崛起，釀成淪於民粹之危機。

我絕非忽視民眾的聲音，而是認為經營國家需要有一定程度的見識，關於這點我將在第二部詳細介紹。羅馬元老院貴族正是上述有識之士的集合，相對地，民眾可能與之匹敵嗎——這個提問從亞里斯多德開始，諸多智者也都做過討論。

第三章　領袖的見識

在那之後，雅典的命運如何？

雅典民主政體其實比大多人印象中的還要短命許多。根據近期的研究，定義嚴格的雅典民主政體大概運作了五十年左右。雅典在伯里克里斯時代那種高度發展的民主政體結束之後，仍維持國家大事由其公民決定的民主基本架構，不盡完美地持續運作著。

雅典民主政體為什麼會挫敗呢？明確來說乃是源於對外政策的變化。

儘管雅典在國內以「守護多數者的公平」為宗旨，但他們對外採取的行動可稱不上「公平」。這個狀況就顯現在將近二百個城邦參加的「提洛同盟」（Delian League）之中。

當時各城邦雖然已跟波斯和解，不過波斯依然是個威脅，「提洛同盟」即是希臘城邦同志們為了繼續對抗波斯所組成的同盟。

同盟各城邦籌措的資金本來是交由總部所在地「提洛島」（Delos）控管，可是雅典竟然把金庫移到國內自行管理，顯然違反了同盟規定。而且雅典還挪用同盟資金作為帕德嫩神殿的一部分建設經費、或是用於國內民主體制官員的薪酬，簡直就是利用本國中心主義「自助餐吃到飽」！所以其他城邦自然也沒辦法默不吭聲了。

雅典在轉移金庫之前，就曾以武力壓制聲明退出同盟的城邦，並且對投降的城邦索取高額賠款。此外，雅典還做了一些實在無法令人贊同的事情，例如沒收同盟城邦的土地來當成本國殖民地等等。

前述的「伯里克里斯公民權法」亦是於此時期制訂，該制度確實有助於防止獨裁，卻也給雅典帶來了負面影響。

在原本的雅典，就算母親是外國人，只要父親是雅典人，嫡親子嗣就能取得雅典的公民權。像建立民主政治體系的克里斯提尼、催生海軍主張及其體系的泰米斯托克利，他們的母親也皆為外國人，然而伯里克里斯將取得公民權的條件改成必須雙親都是雅典人，對於可享富饒生活的雅典公民權資格多加一層限制，也使其更為封閉。

反對少數雅典人享有霸權的聲浪迅速擴散開來，而後希臘世界便分裂成由雅典率領的提洛同盟、與斯巴達率領的伯羅奔尼撒同盟（Peloponnesian League），兩大陣營的對立日趨惡化。

提洛同盟結盟於西元前四七八年，雅典轉移金庫是在前四五四年，伯里克里斯的公民權法則是制訂於前四五一年。接下來在西元前四三一年，終於爆發了伯羅奔尼撒戰爭（Peloponnesian War）。戰爭持續了將近三十年，使得整個希臘世界都疲弊不堪。

雖說伯羅奔尼撒戰爭是希臘兩大城邦雅典、斯巴達之間的對抗，不過戰事是以雅典、斯巴達介入希臘各地紛起城邦鬥爭的形式展開，堪稱是一場「世界大戰」。

斯巴達貫徹執行之民主政體

伯里克里斯將公民權從嚴規定，又建設雄偉的帕德嫩神殿作為雅典的繁榮指標，在各種層面上鼓舞了雅典人民。他還對人民發表關於斯巴達的演說，提出「即使斯巴達人看似優秀軍人，那也只是他們自幼受訓的緣故，我們雅典人則是培育成自由人，平時享受自由與富饒，到了戰時便發揮強大力量，因此我們才是天選之人」等等說法。

那麼，斯巴達就無法邁向民主化城邦了嗎？當然沒那回事。

在希臘世界與雅典分庭抗禮的斯巴達，其實更早就形成了城邦，某種程度上比雅典還要貫徹執行民主平等。斯巴達特有、能夠象徵其民主平等的國家體制稱作「來古格士（Lycurgus）憲制」，還有俗稱「斯巴達教育」的「阿戈革」（agoge）的教育及軍事訓練制度。

在來古格士體制之下，由斯巴達公民（Spartiates）組成的「公民大會」、二位世襲國王與二十八位長老組成共計三十人的「長老會議」來共同肩負國政。大家一聽到世襲制國王，可能就會誤以為是獨裁，實際上斯巴達國王沒有太大的政治權力，他的主要工作是在發生緊急大事時負責指揮。國家組織核心在於長老會議這類的合議機構，而公民大會在議論國家大事之外，也會選出五位行政官員擔任「督政官」（ephors）負責質詢長老會議。

斯巴達公民和雅典公民最大的差異，就是斯巴達專心致志於軍事方面，他們除了平時日日勤勉訓練、過著紀律嚴明的生活，以培養成為質樸剛健之人，還會各自帶食物來一起用餐，藉以強化公民之間的團結。斯巴達公民又被稱作「homoioi」，意思正是「平等的人們」。

為什麼公民的團結如此重要呢？其中一個原因在於斯巴達的人口結構。斯巴達除了公民以外，還有生活在市區周遭、擁有自由身分的「珀里俄基人」（perioeci 或 perioikoi）、和奴隸階層的「黑勞士」（helots）[1]。正因為有黑勞士在每位公民配領的土地上從事農作，並繳納部分收成給公民地主，公民才可能每天專注於軍事上。

1 譯注：「珀里俄基人」亦可意譯為「周邊住民」，「黑勞士」另可音譯為「希洛人」，指斯巴達的農奴。

放棄王位的來古格士

△

法國古典主義畫家雅克—路易・大衛（Jacques-Louis David）發表於 1791 年的作品，
描繪了傳說中的斯巴達立法者來古格士（圖中站立舉手者）主動放棄權力，
將王位傳給姪子（圖中嬰兒）的高貴行為。

雅典則是市民佔了五成多，奴隸約三成多，剩下是往來雅典這個國際都市進行貿易的旅居外國人（metic）。可是斯巴達的奴隸人口要比公民人口多得多，也就是說倘若奴隸群起造反，國家就有顛覆的危機。來古格士體制和阿戈革即是用來增強公民團結、將他們教導培養成優秀軍人以防止叛亂的策略。

誤導人民的煽動者登場

雅典、斯巴達——雙雄爭奪希臘世界霸權的伯羅奔尼撒戰爭打了許久一直沒有結果。

面對斯巴達帶領伯羅奔尼撒同盟軍的攻勢，伯里克里斯採取堅守城牆、將雅典市民集中到市中心的守城作戰方針。然而大量避難市民造成城內人口過度密集，一爆發瘟疫就蔓延不止，許多人就此染病身亡。

根據史料記載，三十萬雅典居民中竟有十萬人死於這場瘟疫，伯里克里斯自己也在開戰前不久病倒，最終喪失了性命。

雅典城邦在領導者伯里克里斯死後，運作漸漸地偏離正軌。許多政治人物開始極力鼓吹他們的政策，希望能說服民眾，其中有像尼西亞斯（Nicias）這種訴求和平的溫和派，也有像克里昂（Cleon）那種煽動民眾、主張徹底抗戰的人，意見難以整合一致。即便如此，伯羅奔尼撒戰爭的前半段依舊是朝對雅典較有利的方向前進。

但是到了戰爭後半段，雅典在遠征西西里（Sicilia）後遭遇了形勢逆轉。當時提案遠征的是出身於名門貴族、擁有驚人美貌的青年亞西比德（Alcibiades），他也是一位典型的民粹主義者（populist）。

西西里島為豐饒的穀倉地區，與斯巴達關係密切。要是雅典能將西西里收於掌中，不但可削弱斯巴達的勢力，想必還對籌措糧食大大有利。對國力抱持過度自信的雅典公民在亞西比德巧舌如簧的鼓舞之下，於公民大會同意了西西里遠征。顯示不管在哪個時代，只要迎合民眾，講他們愛聽的話，總是能得到矚目與支持。

西元前四一五年，雅典組成一支龐大的艦隊，意氣風發地攻打西西里的敘拉古（Syracuse），卻遭到大半數城邦共同團結抵抗，加上雅典不熟悉該處地形，以致屢攻不下，大批艦隊被迫長期滯留西西里沿岸。

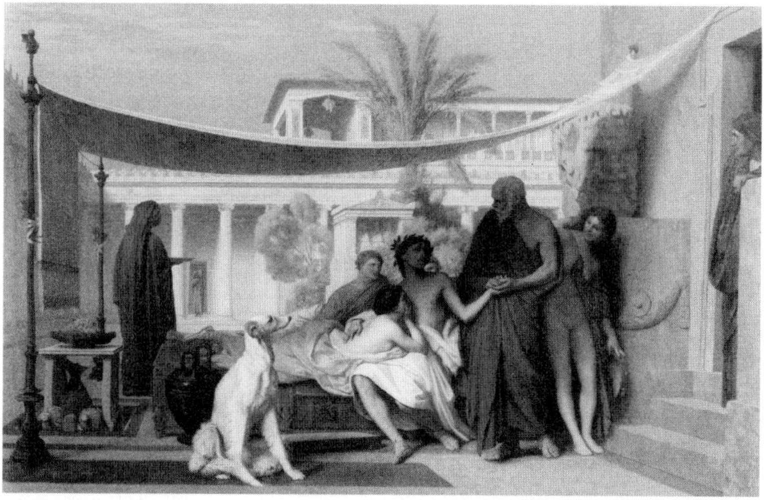

蘇格拉底與亞西比德

△

法國學院派畫家尚—李奧・傑洛姆（Jean-Léon Gérôme）發表於 1861 年的作品，
描繪了蘇格拉底（老人）正在勸諭學生亞西比德（頭戴桂冠者）放棄享樂的場景；
他們的師生關係，是傳統討論雅典民主的重要主題。

士兵們被關在狹窄的軍艦裡面，疾病極易傳播，結果雅典不僅沒有獲得任何戰果，還損失眾多士兵，吃下了一場大敗仗。

此番西西里遠征失敗成了雅典的絆腳石，接下來雅典又陸續多次戰敗，甚至連糧食輸入地——比雷埃夫斯港（Piraeus）都被伯羅奔尼撒同盟封鎖，致使許多人接連餓死。西元前四〇四年的春天，雅典終於投降，斯巴達取而代之成為希臘世界的霸主，並且開啟積極對外的策略。

民主政體之成敗繫於國家規模

民主政體是為了對抗獨裁而建立的制度，而古希臘民主政體是成年男性公民全員參加的直接民主制。該制度公民人口在一萬的規模、或者到二、三萬左右也還好，再多就會混亂失控。雅典全盛時期的人口高達三十萬人，對政治有發言權的成年男性公民大約有四萬人。

斯巴達在「平等者」（Homoioi，意為平等的人們）公民規模約一萬人的時代，貫徹執行了民主政治。此外，他們的鎖國政策也有加乘作用，外來異族要進入、或是自己外出與異族交流的機會均受限制，便可堅持其獨特的紀律和價值觀。縱使其中多少有些貧富差距，還是能維持公民的均質性。

然而，斯巴達成為伯羅奔尼撒戰爭的戰勝國頭領之後，又想再拿下希臘世界的霸權，於是展開了相當強硬的對外政策。他們把斯巴達人送往旗下城邦及愛琴海諸島擔任官員，或是在那裡駐紮軍隊。這個策略不單引起其他城邦的強烈反彈，斯巴達人也因為接觸到異文化，漸漸流失原本撐起斯巴達社會的紀律和軍人氣魄。

到了西元前四世紀，底比斯（Thebes）、費萊（Pherae）等城邦崛起，與斯巴達成相爭之勢。希臘城邦遂呈現諸城紛起，互相角力的狀態。在此之中雅典重新開採銀礦、復甦經濟，再度加重了自身的分量，而希臘局勢又陷入一團混沌。

這個時代的城邦還有一個特色就是「傭兵」登場。如同前面所述，城邦由公民擔任國防戰士，可是現在他們身為戰士的自覺意識已經變弱，故出現與之相對、為賺取金錢而擔任其他城邦士兵的傭兵軍團。每個城邦都需要兵力應付不斷發生的戰爭，故而雇用傭兵。從此「公民＝國防士兵」的大原則崩解，城邦社會結構也逐漸弱化。

趁此當下，波斯大國又伸出了魔爪，不過這次它不再像過去的波希戰爭那般派遣自家軍隊直接介入，而是向相鬥城邦的其中一方提供資金、或派遣使節，在暗地裡操作希臘內鬥。

這時有人阻礙了波斯的行動，那就是希臘北方馬其頓王國腓力二世（Philip II of Macedon）和他的兒子亞歷山大大帝（Alexander the Great）。腓力二世率領他精心培養的強大軍隊攻打希臘，一舉奪下霸權，當時希臘的大辯論家狄摩西尼（Demosthenes）正提議應以雅典為首來對抗馬其頓，只是各個城邦的利害關係錯綜複雜、始終不能團結一心，希臘終究還是臣服於馬其頓旗下。

西元前三三八年，腓力二世在柯林斯集合各城邦代表，組成「希臘同盟」（Hellenic League，又稱「科林斯同盟」，League of Corinth）。他企圖率領這支同盟軍征討波斯，然則尚在準備階段就遭到暗殺，由年僅二十歲的亞歷山大大帝於西元前三三六年繼承王位、以及父親企圖遠征東方的遺志。

傑出領導者的時代

我們剛剛快速看過了古希臘四百年的政治史，為什麼雅典要排除獨裁僭主，打造民主政體呢？

其不可忽視的發展背景之一，就是城邦社會的領袖和平民距離很近，平民也較能有效提升他們的存在感。但是，如果要建立一個由多數人民主導、而非由君王或貴族少數特權階級統治的政治體系，仍然必須倚賴梭倫、克里斯提尼這些有「見識」的領導者。我們甚至可以說，像伯里克里斯般具備「說服力」的領導者也是該體系運作不可欠缺的一環。

領導者的說服力乃民主政體之重心——這句話其實並不誇張。反過來說，要是領導者只會聽從人民的要求，那也稱不上真正的民主。在梭倫改革後崛起的僭主庇西特拉圖、或者伯里克里斯之後在雅典登場的煽動者們，都是推動一些迎合民眾、讓多數人滿意的政策，而非以真理說服民眾。

「dema」是希臘文「煽動者」（demagogos）的省略，意思包含空穴來風的謠

亞西比德接受雅典群眾歡迎

△

十九世紀後期的英國畫家沃爾特・克蘭（Walter Crane）的插畫作品，
描繪身穿紅袍的「煽動者」亞西比德返回雅典城後，
接受公民群眾熱烈歡迎的場景，暗示著民粹的興起。

傳、假消息、違背事實的煽動話語等。「煽動者」一詞本來的意思是「說服德莫之人」[2]，即領導民眾之人。所以伯里克里斯就是一位典型的「煽動者」，運用詭辯說服民眾海軍必要性的泰米斯托克利也是一位傑出的「煽動者」。

而當社會不安定時，就會出現危險的「煽動者」。比如擔任反伯里克里斯急先鋒的克里昂、煽動無謂西西里遠征的亞西比德，均可算是危險之典型。正是因為有像他們這般迎合民眾、為自身或權力盡說巧言之輩，導致「dema」就轉變成類似「煽動者」（agitator）的負面詞彙了。

民主政體即「比較好的民粹主義」

倘若我們受限於「獨裁政體為惡，民主政體為善」的刻板印象，就會看不到它們的本質。在多數人擔任主角的民主政體之中，總是存在人們被「煽動者」話語牽著

2 譯注：德莫（demos），指人民，見本書第一章。

走的危險。而雅典的弱點可說就是制度不夠健全、不夠穩定，以致沒辦法排除煽動造成的危機。沒有好領袖的加持，民主政體就不能好好運作，還會有陷入暴民政治（ochlocracy）的危險。

獨裁政體也是如此，假如獨裁者為庇西特拉圖這等賢明之輩，社會就能維持平穩、國家亦可好好發展；假如由他的不肖子希庇亞斯那種人來當僭主，恐怕等著我們的是糟糕透頂的恐怖政治了。

民主政體也好，獨裁政體也罷，終究都得倚靠其領袖之才能。

放眼現今世界，就能看到好幾位欠缺眼界、向民粹靠攏的領導者，儘管有些領導者發下豪語：「我的使命就是向全世界傳達『民主』」，可是在他統治下的民主又能真正發揮功能嗎？

再者，我認為民主不一定是最完美、最理想的政體。

我所認定的民主定義是「比較好的民粹主義」，說到底民主政體不過就是民粹主義。民主政體基本上就是一種民粹，亦即由多數的民眾做主，如果能往好方向前進就是好事。但要是跟著民眾自私的意見或貪欲隨波逐流，那只會淪為負面意義的民粹，也就是「大眾迎合主義」。

無論民主還是獨裁政體，都需要倚仗見識與說服力兼備的領袖，才能趨於良善。當然，國民也必須有其自覺及見識，才不會被假新聞左右，被簡單或有利可圖的話語誘惑，或隨著好聽的話搖擺不定，讓危險的「煽動者」跟獨裁者能夠肆意妄為。

第四章　柏拉圖追求的「獨裁」

柏拉圖的憂鬱

古希臘向來被譽為哲學的誕生地。在實施民主政體的雅典，有許多哲學家會以「阿哥拉」（Agora）廣場作為推廣言論的舞台。那他們對自己國家的政治、政體又有什麼看法呢？

柏拉圖（西元前四二七—前三四七年）在他全十卷的長篇著作《理想國》中，就藉主角蘇格拉底之口這麼說道：

「除非哲學家能夠當上各國的君王進行統治（中略）；或是除非我們現今稱之為王的那些當權人物，他們能夠確認真且充分地追求哲學，亦即將政治權力與哲學精神合而為一，如果我們不能強行阻止多數人像現在那樣，只選二者其中之一前進——親愛的格勞孔（Glaucon），我想這不單是國之不幸，對全人類來說也同樣禍患無窮。」

（柏拉圖《理想國（上）》，藤澤令夫譯，岩波文庫。）

柏拉圖提倡的並非民主政體，而是哲學家君王的「獨裁」。他提出應由兼具見識教養的出色哲學家來擔任君王、實施獨裁政體，否則對國家、對國民都將產生無窮惡果。

為什麼柏拉圖要否定民主政體呢？其實從他的時代背景即可一目了然。

柏拉圖生於伯羅奔尼撒戰爭當中，當時雅典的領袖已走向民粹，戰勝國斯巴達又在此建立傀儡政權（三十人政權），這位哲學家親身體驗了民主派政權在內亂中倒台後的一片混沌。柏拉圖在年輕時曾經立志當一位政治家，不過後來對現實感到失望，

蘇格拉底之死

△

法國古典主義畫家雅克—路易・大衛發表於 1787 年的作品，

描繪了柏拉圖紀錄於《斐多篇》中，

其師蘇格拉底被處以死刑、臨終前與周遭親友討論哲學的場景。

改而選擇成為講述哲學的辯論家、教育者，也就是所謂的「愛智者」（sophist）。

而讓柏拉圖對民主政體幻滅的決定性因素，則是其導師蘇格拉底受刑而死一事。詳細內容始末記錄在柏拉圖著作〈蘇格拉底的申辯〉（*Apology*）[1]一篇，當時有煽動者告發了蘇格拉底，而判下死刑的又是被煽動的民眾。

諷刺的是，煽動雅典公民遠征西西里的辯論家亞西比德也曾師事於蘇格拉底，而且還異常崇拜他這位老師。相傳蘇格拉底早就看穿了這名年輕煽動者的本質，對他的未來感到憂心忡忡。

亞里斯多德追求的貴族政體

柏拉圖理想中的哲學家君王沒能在雅典出現，反倒在西西里的敘拉古城邦現身了，那就是狄奧尼西奧斯二世（Dionysius II of Syracuse）。柏拉圖曾擔任這位獨裁者的政治顧問與教師，可惜最後被流放。

那麼，到底誰才能具體實現柏拉圖的理想呢？第一個浮現在我腦海的是僭主庇西特拉圖。如果他晚生一個世紀，然後在柏拉圖座下學習國家理論，說不定就能打造出最接近柏拉圖理想的哲學家君王獨裁政體，改變雅典的歷史。

此外，柏拉圖的弟子亞里斯多德也一樣不認同民主是最好的理想政體，他推崇的是貴族政體，主張政治權力應由特定的少數人——即貴族來掌握。

關於這些我會在第二部做詳細說明，我認為由羅馬元老院進行統治的共和政體，就非常接近亞里斯多德理想中的貴族政體。羅馬的亞壁古道（Appian Way）[2]是在亞里斯多德逝世十年後才開始建設的，我們無法確知身為希臘人的亞里斯多德對羅馬政治所知多少，如果他知道羅馬的話，應該會對這個符合自己理想的國家驚嘆不已吧！

附帶一提，瓦解希臘城邦世界的正是亞里斯多德擔任過三年家庭教師的馬其頓王國亞歷山大大帝、以及他的父親腓力二世。西元前三二三年亞歷山大大帝突然去世，亞里斯多德也驟失立身之所，就在流亡途中結束了六十二年的人生。

1 譯注：一般譯為〈申辯篇〉，本處採作者原文及中文另一譯名〈蘇格拉底的申辯〉。

2 譯注：亞壁古道，連接羅馬與義大利東南城市布林迪西（Brindisi），是現存羅馬古道中最廣為人知的一條，曾在羅馬帝國時代發揮重要戰略作用。

達摩克利斯之劍

△

英國歷史畫家理查．韋斯托爾（Richard Westall）發表於 1812 年的作品，
描繪了著名的古希臘傳說：敘拉古國王狄奧尼西奧斯二世，
讓大臣達摩克利斯擔任一天的國王，後者見到王位上方懸掛著利劍，
因此而醒悟「擁有權力者得時時提防危險」。

斯巴達與羅馬的決定性差異

由於柏拉圖和亞里斯多德見識過被政客煽動淪於民粹、在混亂之中逐漸衰弱的雅典，遂對民主抱持懷疑。他們理想的領導者乃哲學家君王或少數的特定貴族，亦即所謂的菁英，也可說他們指出了領導體制應以菁英為核心的重要性。

領導民主政體雅典最鼎盛時期的伯里克里斯，即為一位出身政治世家名門的菁英。只是雅典在失去他以後，瞬間就被民粹滲透，從此凋零。

斯巴達雖然取代雅典稱霸了希臘世界，但他們的民主也有個弱點，就是很難出現傑出人物。「阿戈革」這種斯巴達式教育與生活模式能使公民素質平均、達到徹底平等，並造就城邦內部的高度團結，可是這個體系也抹煞了誕生菁英的可能性。

阿戈革體系只有在小國的封閉環境內才能順利運作，然而隨著斯巴達打贏伯羅奔尼撒戰爭後必須派兵監視各地，鎖國體制逐漸崩解，原本在鎖國體制下成功集結的斯巴達公民團結之力日漸弱化。總而言之，斯巴達即便戰勝了雅典，最後仍然敗給自己的先天弱點。

關於戰士、重裝步兵可作為民主政體支柱這一點，斯巴達與羅馬是共通的。那麼，為何羅馬能成為如此這般的世界帝國，斯巴達卻辦不到，這其中最大的差異在哪裡呢？

在羅馬，元老院貴族和平民有所不同，他們不特別強調「平等」。再者，羅馬統治其他城邦或地區時，也不會全部一視同仁，而是因應該地區狀況來締結條約，承認他們個別的特色，這種「隨機應變」便是羅馬的特徵。相反地，斯巴達就算團結了內部公民，一旦兼併新的土地，就漸漸暴露出自己的弱點，兩者之間的決定性差異即在於此。

除此之外，我也會在後面詳述羅馬重視的「權威」（auctoritas），羅馬人一開始當然也是用武力征服他人，只是在那之後就用一貫採取「權威」統治方式。他們的做法是讓各路對手去見識、認識羅馬的優秀人物與領導者。相較之下斯巴達人儘管作為軍事集團相當出色，其個別才能卻令人存疑。

希臘人在羅馬統治之下，留下了「每一位羅馬元老院貴族皆宛若君王」的感想，此即羅馬人領袖的「權威」所在，也正是斯巴達欠缺的東西吧！

菁英教育是否必要？

在日本，使用「菁英」、「菁英教育」這兩個詞時隱隱含有負面的寓意，然在歐美各國，對特殊才能之人施予特別教育則是無庸置疑之事。尤其在「貴族義務」（noblesse oblige）一詞尚存的英國，他們更有尊重菁英的觀念，而身為菁英的人們也非常注重公眾義務、責任之實踐。

當然，在這些菁英以外也還是有很多出色的領袖人物，不過歐洲還是有一種期待傑出菁英擔任國家運作軸心的風潮，我想這是來自古羅馬時代以來孕育的傳統。

所謂「菁英」不單只是學歷高的人，而是身處特權階級、可以完全負起所在職責的人。菁英教育最重要的就是培養「認識責任，克盡責任」觀念。確實，這種觀念必須從根本的文化或整體風氣中培養，亦可倚賴教育養成。

倘若失去「不可逃避己身職務責任」的菁英觀念，就無法完成民主政體。民主固然是往「眾人平等」、「一視同仁」、「不分優劣」的方向邁進，但我想還是必須作育英才、識其才能，並且讓受過菁英教育的人都能適材適所、配置在需要他們的地方。

說到這個，各位知道位於希臘中部德爾菲（Delphi）的阿波羅神殿嗎？該神殿入口刻有各式各樣的神諭（藉女祭司之口傳達的神明言詞），最有名的乃是「認識你自己」和「凡事勿過度」，告訴我們凡事皆應適可而止、謹守中庸之道。

我認為上述神諭也是經營國家的重點：政治須注意不可過於激進極端，至於能否做到這一點，則繫於領導者的見識。

徹底實踐市民均質、平等的斯巴達，終究未能實現其帝國美夢；而採用直接民主政體、極度推展平等抽選參與國政的雅典，也只能維持約五十年嚴格定義的民主政體。

另一方面，起源於義大利半島的羅馬人從共和政體最終轉變為世界性的大帝國，成功延續命脈長達五百年之久。這其中到底有什麼差別呢？共和政體到底又是如何運作的？接下來我會在第二部詳細說明。

II

獨裁是可以防範的嗎？——向古羅馬學習

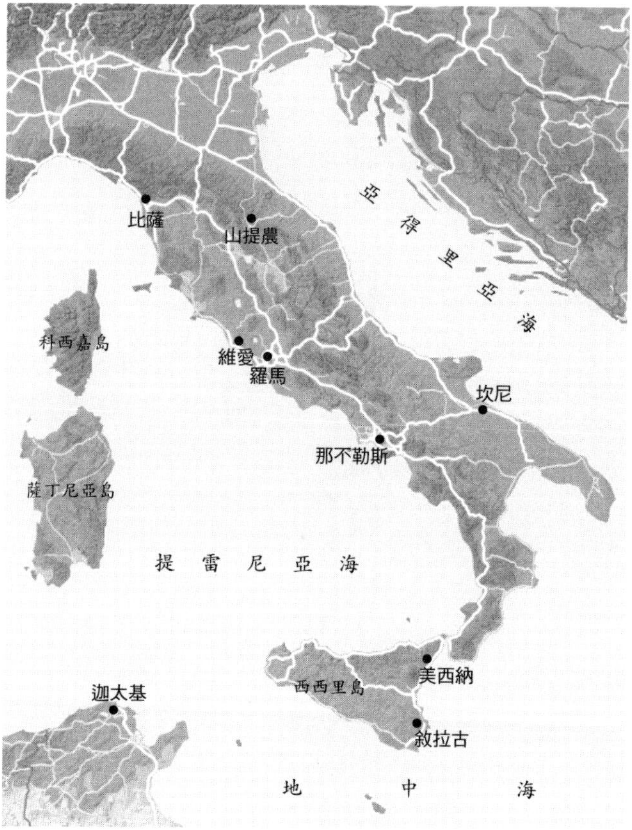

本書提及之古羅馬城邦分布圖

第五章　羅馬不容獨裁的智慧

羅馬史乃人類經驗之集大成

西元前八世紀，正當城邦在希臘誕生的同時，有一個小城邦也在義大利半島上建國，它就是本書第二部的主角：羅馬。

當時在地中海世界的城邦之中，不乏文化水準比羅馬高、技術比羅馬更先進，或是領土、人口規模皆遠勝羅馬的城邦。我這麼說也不怕各位誤會，當時的羅馬的確是個落後國家，後來竟然能夠併吞旁邊的先進強國建立巨大帝國，恐怕是誰都想像不到的吧！

西元前二世紀時，羅馬稱霸地中海世界且成為帝國，而後又侵吞周遭國家擴大了版圖，至西元二世紀時，已將現在的英國至法國、西班牙，北非、以及東方的土耳其、亞美尼亞盡收掌中。

在羅馬版圖達到最大之時，地球上約有三分之一的人口在其領土內生活，是一個大到難以想像的帝國。它的繁榮程度也非比尋常，據說當時羅馬自由公民的所得收入，居然是十八世紀前人類史中排名最高的。

羅馬除了國家規模和繁盛程度之外，值得一提的還有其綿長的國脈。從西元前八世紀建國開始算起，到五世紀西羅馬帝國滅亡為止，一共寫下超過一千二百年的歷史。就算與眾多在世界史中閃耀的帝國——例如威脅希臘世界的波斯帝國、爾後的阿拉伯帝國[1]、滅掉東羅馬帝國的鄂圖曼帝國，還有大英帝國及俄羅斯帝國等相比，羅馬仍可算是一個長壽超群的國家。想當然爾，其間過程自是波瀾不斷、更有諸多戲劇化發展。就像日本政治思想史大家丸山真男曾說過：「羅馬史乃人類經驗之集大成」，如此評價一點也不誇張。

古羅馬的獨裁

羅馬歷史相當接近本書重心——即「獨裁」的本質，留給我們諸多貴重線索。話說他們建國之初曾歷經二百五十年的獨裁政體，至獨裁末期時還有一段痛苦歷史，也就是稱號「傲慢」（superbus）的君王及其一族之暴政。

傲慢王[2]的高壓統治引爆了羅馬人的不滿，他們決定徹底撤除獨裁，從此不再設置單獨一個「王」（拉丁文：rex）[3]，轉而發展出他們獨有的政治型態，亦即「共和政體」。

古羅馬人稱自己的國家為「Res Publica」，這個詞是現在「共和國」（republic）、

1 譯注：阿拉伯帝國亦稱伊斯蘭帝國。

2 譯注：傲慢王指「傲慢塔克文」盧修斯・塔克文・蘇佩布（Lucius Tarquinius Superbus），西元前五〇九年被推翻，從此羅馬由王政改為共和政體。）

3 譯注：古羅馬王政時期（公元前七五三至五〇九年）的羅馬國王雖然對國政擁有近乎獨裁的權力，但其繼承性質與一般常見的「國王」（king）不同，並非血緣世襲，而是由元老院與人民共同選出。

「共和黨、共和派」（republican）的字源，原本是拉丁文「公眾事務」的意思。而羅馬人認為必須要由具備相當見識的人來思考公眾問題、引導公眾，這一點就跟我們在第一部看到的希臘大大不同。

希臘最大的城邦雅典從僭主獨裁轉為「民主政體」，其排除獨裁、標榜國民主權之用意也和羅馬方向一致。然而相對於雅典選擇公民全員平等、全員參加的直接民主政體，羅馬公民採取的方式是同樣會設置公民大會等場域，但更尊重有識之士的意見、並將可託付之事託付給他們。

誠如我們在第一部看到，「democracy」（民主）一詞源自希臘文的「demos」，意思為「民眾」、或民眾生活的「村落」。相對地，「republic」字源來自拉丁文的「res publica」，意謂「公眾」，在羅馬也可用來表示國家。從這個詞彙去理解希臘、羅馬兩者為擺脫獨裁而選擇的政體差別、以及他們各自的重點所在，是相當重要的。

雅典民主政體最多只維持了一百年左右，羅馬共和政體則維繫長達五百年。即便在凱撒登場後轉變為「帝政」，唯獨不容忽視的是他們都能挺過暴君或昏君的獨裁，而且在接連五代賢君的治理下，又迎向了「羅馬盛世」（Pax Romana）高峰期，帝國版圖亦在此時期達到最大。

俯瞰從古至今的世界歷史，我們可知在法國大革命以前總是與獨裁緊緊相連，甚至不止緊緊相連，幾乎可說等同獨裁的歷史了。在這樣的世界裡，如此嫌惡獨裁、且能用強韌意志阻止獨裁的，正是古羅馬人的國家，尤其在共和政體時代的五百年間更是如此。

為什麼共和政體的羅馬可以維持五百年之久呢？為什麼同樣容不下獨裁的雅典民主政體卻這麼短命？其中的決定性差異為何？羅馬又是怎麼對抗那些不知會從哪裡現身的獨裁者呢——這些問題即為本書第二部的主題所在。

從美麗建國神話到獨裁時代

羅馬建國紀念日是四月二十一日，在距今將近三千年前、即西元前七五三年的這一天，傳說之王羅慕路斯引用自己的名字將國家命名為「羅馬」，並且舉行了盛大的建國紀念儀式。

為何說他是「傳說之王」呢？因為在這長久代代相傳的羅馬誕生劇神話裡，羅慕

羅慕路斯和雷慕斯

△

此為約西元前二世紀的古羅馬大理石祭壇浮雕，主要描繪古羅馬建國神話的主角人物——雙胞胎兄弟羅慕路斯和雷慕斯之形象，祭壇左下方則是接受母狼哺乳的雙胞胎嬰兒，右下方則是羅馬守護神——台伯河之神提比瑞努斯（Tiberinus）。

路斯的真實存在也著實令人存疑。

在神話中，羅慕路斯的母親蕾亞・西爾維亞（Rhea Silvia）是美與豐收女神維納斯（Venus）的後裔，父親則是為蕾亞美貌傾倒的戰神馬爾斯（Mars）。也就是說，這位羅馬開國君王從雙親那裡繼承了神明血脈，是位無比尊貴的大人物。羅慕路斯還有一位雙胞胎弟弟雷慕斯，兩兄弟皆有羅馬近郊國家阿爾巴隆伽（Alba Longa）的王位繼承權，致使母親蕾亞的叔父想要奪取兄弟二人性命。

執行殺害任務的士兵很同情這兩個還在吃奶的嬰兒，於是沒有下手，還把他們放進搖籃隨河水流去。河川的神靈撿起孩子託付給狼，二人靠著狼的乳汁延續生命，後被牧羊人發現並扶養成人。接下來兩兄弟知曉了自己的出身由來，便合力殺死了曾想加害他們的叔公。[4]

4 譯注：阿爾巴隆伽是位於現今羅馬近郊的城邦。在羅馬開國神話中，努米托（Numitor，蕾亞之父，羅慕路斯兄弟之祖父）原為該國君王，後被其弟阿姆里亞斯（Amulius）篡位，其子亦被殺害。阿姆里亞斯為絕後患，遂計畫將蕾亞生下的羅慕路斯兄弟滅口。最後這對兄弟順利逃過一劫長大成人，率兵回來向叔公復仇，擁立祖父努米托復位。

獲得阿爾巴隆伽王位繼承權的羅慕路斯兄弟沒有留在祖國，而是到別處建立自己的國家，也就是羅馬。只是後來二人為了建國地點針鋒相對，最後羅慕路斯殺死弟弟，當上新國家的開國君王——以上即為羅馬的建國神話概要。

開國君王羅慕路斯的盛世約達三十七年，在他之後七代約二百五十年間均維持王政。有意思的是王位並非世襲，甚至很長一段時間連羅馬人都不是。像第二代國王就來自羅馬近郊的國家薩賓（Sabine）、第三代是羅馬人、第四代又是薩賓人，第五代以後有連續三代都是伊特拉斯坎（Etruria）人。

伊特拉斯坎乃是羅馬北部的國家，即現在的托斯卡尼（Tuscany）一帶，為義大利境內氣候風土最佳之地區。伊特拉斯坎人早於羅馬人進到義大利半島居住，擁有先進的技術與文化。身為新興弱小落後國家的羅馬之所以迎接伊特拉斯坎人來就任國王，應是期待他們能引進新技術。而第五代、第六代國王也確實不負眾望，在整頓公共建設（infrastructure）方面發揮不少本事，也相當關心貧窮人民的生活，頗得人望。

問題在於第七代國王盧修斯．塔克文，他是一個殺害前任國王奪位的惡棍，又強制動員羅馬民眾進行大規模的下水道工程，可謂極度不受歡迎的人物。塔克文令人無

盧修斯・塔克文與「罌粟花寓言」

△

英國畫家勞倫斯・阿爾瑪—塔德瑪（Lawrence Alma-Tadema）發表於 1867 年的作品，
描繪了羅馬僭主盧修斯・塔克文揮劍斬斷罌粟花叢中最高的花朵，
意味著要維持獨裁專制，便得處決國內最傑出的人才。

法坐視的暴虐行徑、脫離常規的高壓統治引起諸多不滿，再加上他兒子又犯下卑劣的強暴事件，促使羅馬人終於舉旗造反。

西元前五〇九年，羅馬元老院決議流放塔克文一族，且迅速執行、為獨裁政體劃下了句點。其實應該也有從羅馬人當中選拔傑出人物坐上王位的選項，可是他們完全不考慮這麼做，就直接奔向共和政體了。

徹底排除獨裁

羅馬人歷經極糟糕又差勁的獨裁政體以後，遂堅決排除由「王」這種獨裁者帶來的專制政治。他們為此打造「公民大會」（comitia）、「元老院」、「獨裁官」（dictator）三足鼎立的結構來驅動國家，此即羅馬共和政體之始。

在共和政體下的羅馬，由政務官負責軍事與行政，官員人選由公民在公民大會上選出。政務官的任期為一年，禁止同一人連任。

最高層級的政務官為「執政官」（consul），執政官就如同代理國王，是國家的領導者，遇到國家大事時則兼任軍隊最高指揮官。然則執政官不會只有一人，一般會選出二人，任期皆以一年為限。設置二人乃為互相牽制，而將手握大權的時間設定得很短，也是為了防範他們走向獨裁。順帶一提，羅馬公民們選出來的首任執政官，就是妻子被傲慢王塔克文之子強暴[5]的克拉第努斯（Lucius Tarquinius Collatinus）、以及他的友人布魯圖斯（Lucius Junius Brutus）。

執政官握有可匹敵獨裁者的權力，如此可由少數人掌握大權的制度，意味著羅馬共和政體也含有獨裁元素。

貴族們組成的元老院能夠防止執政官不受控制，並且議論國家大事。元老院的歷史非常古老，相傳可追溯至開國君王羅慕路斯盛世之時。它最初是設置作為國王的諮詢機構，在共和政治體制下擴編為三百人規模，隨著時代又不斷增加。

元老院議員任期為終身制，他們本來的角色是為政務官和公民大會提供建議，由於執政官為首等政務官的任期都很短，可以想見實際大權還是握在元老院手中。

5 譯注：克拉第努斯的妻子魯克麗絲（Lucretia）被傲慢王塔克文之子塞克斯塔斯（Sextus Tarquinius）強暴後含恨自盡，該事件大大引起公憤，成為眾人起兵反抗羅馬王政的導火線。

西塞羅譴責喀提林

△

義大利畫家切薩雷·馬卡里（Cesare Maccari）發表於 1887 年的作品，
描繪了著名的羅馬政治家西塞羅，
向元老院的議員們公開演說，譴責政敵喀提林（Catiline）策劃政變的陰謀。

另一方面，古羅馬公民大會除了推選政務官之外，並沒有多大的權限。但是基於民眾的強烈要求，公民大會也獲得比照元老院的立法權，更進一步創制「護民官」（tribune）一職，負責守護公民大會的權利。這麼一來，如果執政官或元老院貴族做出對民眾不利的決定，公民大會也能有對抗措施，推選二至十人的護民官來守護自身利益。

護民官的任期亦為一年。因為護民官與元老院貴族對立恐有生命危險，故授與「人身不可侵犯」之特權——這是一條禁止加害護民官、甚至禁止碰觸其身體的嚴格規定。他們的任期短歸短，不過被賦予很大的權力，以便保護民眾。

以上就是羅馬共和政體的結構。我們可以看出羅馬一方面內含獨裁機制，另一方面也融入民主元素，在公民大會賦予人民應有的權利、權限等，以此經營國家。換句話說，羅馬藉由民眾、貴族、執政官三足鼎立的結構，來排除倒向獨裁的危險性。

超越身分差距的「自由人」觀念

當時地中海世界的城邦幾乎都是實行僭主獨裁政體，就算從王政轉移到貴族政

現代的 SPQR 標誌
△
SPQR 是古羅馬的正式國名，全稱為「羅馬元老院與人民」，
多被紋飾在羅馬軍團的鷹旗上與羅馬城的公共建築上，在今天的羅馬城依然四處可見。

體，也總有獨裁者能在貴族派系鬥爭中趁勢而出並強化統治。正如我們在第一部希臘史已經確認的事實：脫離獨裁實在沒那麼容易。

而羅馬為了不再重返獨裁，便設計了共和政體這個複雜的機制。羅馬公民會這麼做，雖然是為獨裁者塔克文高壓統治所苦，但是他們又為何會這麼討厭獨裁呢？最大的原因應是在於羅馬人懷有「我們是自由人」的強烈意志，「被某一個人統治，等同侵犯了重要性僅次於生命的自由」——我認為羅馬人就是這麼想的。

古代社會跟現代不同，基本上是一個金字塔結構的世界：君王在最頂點，其次為貴族階層，再下來是佔多數的平民，最下層則是奴隸，這種階級制度（hierarchy）也同樣存在於羅馬。

「SPQR」即是此階級制度之象徵，我們現在還能在羅馬的計程車車門、下水道人孔蓋、街道等各處看到這串文字。

「SPQR」是「Senatus Populusque Romanus」之簡稱，直譯的意思乃「羅馬元老院與人民」，表示羅馬的主權者是元老院貴族（patricius）、人民（plebs）兩種身分之人。這個觀念到後來羅馬改制帝政時依舊沒有改變，「SPQR」從未加入代表皇帝（Imperator）的「I」字母。

有趣的是，羅馬人一方面具有強烈的自由人意志，卻又同時容許嚴格的身分區別，而且還不是勉勉強強同意，是自豪地接受它，換成現代人想必難以馬上接受這點。

因此，儘管平民（人民）是羅馬的主權者，仍與元老院有著明顯區別，「SPQR」的字母排序也是把元老院放在平民前面。羅馬公民基本上是人人平等，然而實際的領導權還是在元老院手中。羅馬人是這麼認為的：元老院貴族絕非光靠資產、家世庇蔭之輩，還必須是相當程度的有識之士，而這就是他們跟平民的顯著差異。

平民們的權力鬥爭

據說羅馬建國初期時並沒有什麼階級差距，在這個羅慕路斯創立的新國家，住著許多從周邊各國逃亡過來的人、幹了壞事不見容於故鄉的人、或是從主人身邊逃脫的奴隸等等，他們都身懷各自的理由漂流至此。

這些人以農耕維生，之後有一小部分的人變成持有廣大耕地或牧草地的地主農民。相傳這些有力人士裡面還有當初協助開國者羅慕路斯治理國家的「百人族長」[6]後裔，他們便是爾後的貴族（或稱氏族）。

羅馬民眾之所以敬重貴族階級，在於貴族是為國家投入私人財產而戰、為國家安定而盡力的可敬之人。縱使民眾稱頌英雄，也決不容許任何獨裁者侵犯他們的自由——我認為這就是羅馬人抱持的自由意志。

即便貴族跟平民同樣是自由人，在共和政體剛起步時卻是禁止彼此通婚的。此外兩者選舉投票數配額的差距甚大，平民就算在數量上佔了壓倒性多數，只是因為各自的一票效力相差太大，仍舊無法左右決議。

不過這些人可是自由意志高揚的羅馬平民，自然不可能默不吭聲，他們公開向元老院貴族表達不滿，表明必會使出全力來解決問題。然後就在羅馬近郊的聖山（Mons

6　譯注：相傳羅慕路斯初創元老院時，是由一百位家族族長來擔任元老院議員。

Sacer）堅守不出，以今日角度來看即是發動罷工去迫使貴族妥協。

平民發動罷工，放棄工作跟軍隊事務將會如何？首先肯定會造成日常生活的障礙，假如鄰近各國知曉此事，就有可能趁機發動攻擊。要是大軍在士兵罷工時攻過來，羅馬可就毫無招架之力了，所以對貴族來說，平民罷工是個非常令人頭痛的大問題。

這些平民發起的權力鬥爭在近二百年間不斷反覆重演，羅馬能在共和政體剛開始不久就創設護民官，也可視為平民鬥爭的成果之一。此後他們以羅馬法為基礎制訂了「十二表法」（Lex Duodecim Tabularum），明文規定法律之前貴族、平民皆一律平等，也允許貴族與平民通婚。

就這樣，羅馬逐漸成長為尊重個人自由的法治國家。

「個人」的希臘、「公眾」的羅馬

在此我要試著再度比較希臘和羅馬的政治特點。

對羅馬來說，希臘在各方面都是先進國家，轉向民主政治卻是羅馬少數領先的項目。早在西元前五〇九年，羅馬就已經流放傲慢王塔克文一族，建立了共和政體。隔年雅典才流放僭主希庇亞斯、並於克里斯提尼大改革後建立民主政體。

文化上顯然處於落後的羅馬，竟能與先進國家雅典幾乎同時脫離獨裁政體，這點確實值得注意。只不過羅馬選擇的共和政體、和雅典選擇的直接民主政體兩者之間還是大有不同。

而且雅典所追求的是一個相當高度的民主政體，在民主政體下的雅典，任何人只要擁有公民權，不論財產多寡或門第高低，都能直接參與國政。雖然他們一開始限定貴族或富人階層才能擔任要職，但一路慢慢改良下來，到西元前五世紀中葉時，幾乎所有公職人員都是透過這種全體公民參與的選舉方式來選出。

民主政體雅典的最高決議機構是相當於公民總會的「公民大會」。他們會在這裡以多數決的方式決定國事相關案件。儘管如此，讓全體公民參加所有決議還是太過不切實際，是以他們會從公民中抽選五百人組成「評議會」，決斷重要課題以外的事務。評議委員的任期很短，只有一年，一旦就任即終生不得再任此職（嚴禁連任）。更有甚者則如第二章所述，雅典還導入「陶片流放制」，總之就是不讓獨裁有任何成長的機會。

這麼說起來，當雅典確立獨裁防範機制之時，公民們重視的是「個人」，這就和羅馬人重視「公眾」的情形大不相同。

為什麼兩者會產生如此差異呢？現在有研究指出，其實他們在形成城邦時的群體結構就已然不同。

不管羅馬還雅典，原本都是「部族」的群體，雖然希臘部族群體有類似領袖的存在，可是跟其他成員之間身分差距不大，形成的是一個共生「村落社會」。羅馬的部族群體則是由有力富裕人士組成類似貴族的「氏族社會」，各個氏族都擁有依附他們的民眾。

簡單來說，相對於希臘民眾「某某村的我」的認知，羅馬人是以「與某某家族有關連的我」的形式來構成自我認同。這種自我認同便可視為「SPQR——羅馬元老院與民眾」之間的關連。

第六章　羅馬共和政體的獨裁官

羅馬能成為帝國的原因

共和政體下的羅馬不斷擴張，終於成為一個巨大帝國；而希臘城邦終究只能限於小小的城邦，無論雅典或斯巴達皆無法稱霸希臘世界，想來羅馬在這一點上確實值得一提。

在眾多城邦之中，為什麼只有本是落後國家的羅馬能夠轉變為帝國呢？諸多歷史學家都試圖回答這個問題，其中最早提出個別論述的乃是波利比烏斯（Polybius）。

波利比烏斯是出身希臘梅格波利斯城邦（megalopolis）的貴族，因戰爭淪為人質被帶到羅馬，在此待了將近二十年。雖說是人質，但像他這種有學養、懂技術的貴族階層不會被當成奴隸強行抓走，羅馬人反而會為了學習希臘先進文化而把他們留置國內。這些人質受到羅馬有力貴族的庇護，只要不踏出羅馬，每日皆可自由活動。

對羅馬政治有詳細觀察、也瞭解內部詳情的波利比烏斯，就希臘與羅馬的政體進行比較分析，寫下共計四十卷的著作《歷史》（Histories），且在書中論述他的「政體循環論」與「混合政體論」。

希臘（這裡專指雅典的部分）最初施行君王獨裁政體；接著轉移到貴族政體，貴族之間的黨爭（stasis）掀起混亂，隨後就出現收拾鬥爭局面的僭主；然後他們趕走化身暴君的第二代僭主及其獨裁，終於實現了民主政體。只是民主轉眼間又變成迎合民意的民粹主義、使得混亂成為常態，甚至同意侵略其他強國，導致獨裁重現——以上都是我們在第一部看過的內容。

希臘總是如此這般在「獨裁」、「貴族」、「民主」三種政體之間不斷循環，難以維持長久穩定，此即「政體循環論」。波利比烏斯指出，希臘政體之所以無法穩定下來，在於它常常太過偏頗。換句話說，太過偏向其中一個極端，就會造成反動、走向另一個極端（政體）。這些國內政權鬥爭不斷消耗國力，使得既有的力量無法對外發揮，是以希臘一直無法擴大霸權。

反觀羅馬，波利比烏斯歸因於國內比較安定，故可盡力推動擴張領土。確實羅馬也存在身分差距鬥爭、貴族之間對立等內鬥情形，卻從未發展成像希臘那樣頻繁改動政體的對立結構。

那麼，為什麼羅馬的內鬥不會發展成黨爭呢？簡單來說，就是因為在希臘循環的三種政體已經納入羅馬共和政體的結構之內了。

誠如上一章所述，二位執政官（consul）屬於獨裁政體、元老院為貴族政體、公民大會則是含有民主政體特質的機構。如果說希臘是一個「政體循環」型的國家，那羅馬就是一個「混合政體」型的國家。波利比烏斯是這麼分析的：儘管元老院頗為強勢，三個不同的政體還是能在一個國家的政治機構中保持絕妙平衡，共同撐起羅馬的強大。

對「國家」的執著

我還注意到另外一個羅馬成為帝國的原因，那就是羅馬人對「國家」的執著，換言之即是他們對祖國懷有強烈的歸屬觀念，這點在古代世界裡相當少見。

希臘人是牧羊人的子孫，他們是可以為了必要需求捨棄土地、去追尋新天地的游牧之民。反之，羅馬人是農耕民族，他們對自己的土地有著無可比擬的執著，被必要需求所迫時，他們選擇的方式是從原本土地去擴大領土。羅馬人總是一心一意想要強化國家，只要是守護或擴張祖國戰鬥有功之人，他們都會給予最高的讚賞。

值得注意的是，上述觀念也深深滲透於羅馬平民心中。

如同我們在第一部看到的，由於無力自備武器、裝備的雅典下層公民都不能站在戰爭最前線，遂對國防、國政漠不關心，一直等到第二次波希戰爭之後觀念才有所改變；而羅馬是平民也要為國家戰鬥，所以都心懷守護祖國的強烈意志。我想當時除了羅馬以外，其他國家都沒有這種觀念。

那為什麼羅馬人如此重視「公眾」呢？其根源應來自貴族階層的「祖宗遺法」

羅馬家庭與「祖宗遺法」

△

圖為古羅馬的石雕，浮雕一個羅馬「家庭」（拉丁文：domus）成員。

「家庭」是古羅馬社會的最小政治單位，

也是羅馬早期的不成文法律「祖宗遺法」的實踐基礎。

（mos maiorum）。

羅馬貴族會在家中擺設祖先雕像，時常向孩子們講述祖先的英勇及光榮功勳。對於當時沒什麼娛樂的孩子們來說，聽這些與自己有直接關連的壯闊歷史故事，就是最令人振奮的享受了。我們可以想像，他們從小就反覆聽著祖先故事長大，從中學習貴族應有的行動規範與自律之術。

此外，羅馬貴族家庭也向來全心投入教育，他們恥於把孩子的教育交託他人，認為若要培養與其貴族身分相符的見識，就應該由父母親自教育孩子。羅馬貴族重視名譽的態度、身懷廣博見識的程度，可說讓其他國家的人都甘拜下風。

再反過來看雅典，其五百人評議會的評議委員都是來自抽選。只要透過抽籤，任何人都能平等參與規劃國政，還可防止特定勢力花錢買票，可是他們無從得知這些偶然中選的人是否具備議論國家大事的才能或見見識——我認為這也是雅典民主政體無法長久的因素之一。

羅馬的元老院貴族之所以能夠展露莊重與氣勢，在於他們身上兼具見識及威望。在羅馬人的觀念裡，政治並非靠「權力」、而是靠「權威」來行使的。他們也時常強調在堅毅言行態度中蘊含「權威」的重要性。

而後羅馬從共和政體改為帝政之際，首任皇帝奧古斯都就曾如此演說：「論權力，吾人與其他政務官並無不同，惟以權威高於眾人。」即使已經成為獨一無二的領導者「皇帝」，也不是用權力統治民眾，而是以權威作為表率——這段話對厭惡獨裁的羅馬人可說影響甚深。

羅馬市民的信仰之心

在羅馬，平民或下層民眾也相當重視「公眾」，他們打從心底認為應為祖國盡心效力，而盡心效力的基礎就在其信仰之心。

前面提過的歷史學家波利比烏斯曾如此記載：「羅馬不就是倚靠宗教才能勝過其他國家嗎？（中略）他們總是莊重、華麗地執行每一個宗教儀式，不論公開或私下場合，每位公民的生活都受宗教儀式規範。」跟他們希臘人相比，羅馬人民的信仰之深厚、對眾神態度之虔敬，都讓波利比烏斯感到吃驚呢！

羅馬人似乎也相當瞭解他們自己信仰方面的特性，西元前一世紀的政治家暨哲學家西塞羅（Marcus Tullius Cicero）就曾自豪地說：「羅馬居民的人數少於西班牙（Hispania，今西班牙、葡萄牙等地）人、活力不比高盧人、也不如迦太基人多才多藝、或希臘人那般學藝均精，然則在敬神重神方面，羅馬可是無人能及。」

對羅馬人而言，神是帶來天災的精靈，是需要敬畏的存在。他們向眾神祈禱的往往不是幸運或豐收，而是「安然無恙的日常生活」。就現代角度看來或許願望過於保守消極，不過對農耕民族羅馬人來說倒是相當真切的祈願。

乾旱、瘟疫、地震、火山爆發——這些災害都是神靈發怒所致，所以我們必須全心全意虔誠、謙虛地祈禱平息眾神之怒。只要不發生天災，接下來靠自己努力就能辦到任何事情。因此，超越我「個人」，為眾神統治下的祖國「公眾」盡心竭力，才能平息眾神之怒，羅馬這個國家便是以此深厚信仰作為支柱。

「老大、小弟」的信賴關係

如想瞭解羅馬歷史及其政體本質，還有一個重點就是「ptronus」與「clientes」的人際關係。

在拉丁文中，「ptronus」即「庇護者」，「clientes」為「受庇護者」，以日式說法就像「老大、小弟」的關係。誠如大家所知，「老大」即富裕的貴族（patricii），「小弟」則為平民（plebs）。這是一種建立在從屬的人際關係，基本上就是由貴族當老大照顧平民階層小弟，一旦發生大事，小弟就應該站出來幫助老大：例如有戰爭時要擔任老大的手下前去參戰；如果貴族老大當選公職，也應該去當他的私人部下，負責下層官員的工作。

這種「老大、小弟」連結建立在非常私人的信賴關係之上，受庇護者並不是受到箝制、或有經濟因素才不得不服從，他們都可以自由選擇庇護者。

羅馬平民會選擇自己信賴、值得尊敬之人去當他的小弟，可能還會每天去找老大請安。老大接受請安後會分送小禮物給小弟，當小弟捲入麻煩時，老大也會出面辯護、協助他們，用心加深彼此的信賴關係。我們可以在在電影《教父》描繪的義大利黑手黨世界中看到這種人際關係。

即便羅馬的貴族、平民之間固然有著明顯的身分之差，卻不像希臘那樣形成階級對立，而能穩定維持共和政體達五百年，我認為原因即在於上述的「老大、小弟」人際關係。

兩者在私生活裡建立信賴關係，平民如此尊敬貴族，貴族也恪守祖宗遺法來回應小弟的信任，成為傑出的人物。我想，正是因為羅馬有這樣的文化，才能在遇到元老院與公民大會對立時設法找到出路，讓獨裁者毫無空隙可趁。

共和政體下的高潔「獨裁者」

當然，羅馬人不是只靠觀念和人際關係來防範獨裁，本章開頭就提過羅馬共和政體繫於三種政體的絕妙平衡，他們為此下了許多工夫，其中一種就是認可限定時間的獨裁。

在共和政體下的最高領導者，原則上是任期一年的兩位執政官，當國家面臨重大危機的時候，他們便會提名任期半年為限的「獨裁官」（dictator），設置由獨裁官單獨一人統率國家的例外制度。羅馬人固然極度嫌惡獨裁，但也認為國家面臨危機時，應採用一條鞭的指揮系統為佳。

譬如羅馬還是個小國家的共和政體初期，就曾在與伊特拉斯坎對戰時提名英勇享譽天下的卡米盧斯（Marcus Furius Camillus）擔任獨裁官，這個選擇可說極為正確。

卡米盧斯順利打破長久以來的膠著戰況，帶回豐盛的戰利品和許多奴隸，更為羅馬打下四倍大的廣大新領土。

卡米盧斯是一位勇敢、頭腦清晰的人物，相傳他絕對不會做任何有違人道的卑鄙之事，是個實實在在繼承祖宗遺法的正義之士。他的人品與軍功相互輝映，他的凱旋歸來更使民眾為之瘋狂。

然而有人嫉妒卡米盧斯的人望，便空穴來風造謠說他把戰利品佔為己有，卡米盧斯無視謠言的結果，就是遭到翻臉不認人的民眾彈劾，竟然還在他本人缺席的審判中被裁處賠款。最後這位失望的名將只能離開故國，直到數年後義大利北方的凱爾特人

卡米盧斯與羅馬婦女的捐獻
△
法國畫家尼可拉斯—居伊·布雷內（Nicolas-Guy Brenet）發表於 1785 年的作品，
描繪了羅馬獨裁官卡米盧斯以其領導魅力，
說服羅馬婦女捐獻珠寶首飾，以當作戰爭經費的場景。

（Celt）（指高盧人，Gauls），侵略羅馬、佔領首都之後。

這是羅馬自建國以來首度嚐到首都被攻陷的恥辱，束手無策的羅馬人只好去懇求流亡在外的卡米盧斯回歸擔任獨裁官。縱使卡米盧斯一度遭到祖國背叛，仍舊回來就任獨裁官、並且成功奪回羅馬，這真是了不起的愛國情操！只是奪回來的都城已被凱爾特人破壞、呈現一片荒蕪，羅馬人見到如此慘況皆意志消沉，甚至有人提出了放棄羅馬轉而遷都的建議。

卡米盧斯大聲喝止了遷都提案，說道：我們既然是羅馬人，就應當留在羅馬傾盡全力復興。假如那個時候卡米盧斯沒有接受獨裁官之請，或許羅馬歷史就會在此閉幕了。因為有他，羅馬才能脫離建國以來的最大危機而重振復興。卡米盧斯一生共有五次被提名擔任獨裁官，現在也被稱作是羅馬的第二位開國者。

辭去獨裁官的英雄

儘管羅馬建構了一個巨大帝國，卻非百戰百勝的強國。羅馬人將凱爾特人驅逐出

羅馬的愛國美德
△
法國古典主義畫家雅克—路易・大衛於 1784 年發表的成名作，
描繪了荷拉斯家（Horaces）的三名兄弟向父親起誓，
城邦利益高於家族利益，因此願意為羅馬犧牲的場景。

首都羅馬之後，在西元前四世紀至前三世紀時仍斷斷續續與住在義大利半島山丘地帶的薩姆尼特人（Samnium）開戰，也在這裡中了敵人陷阱，吃下屈辱的敗仗。

但是，羅馬人竟然能在「卡夫丁峽谷的長槍之軛」[1]的屈辱敗戰之後，花了三十年的時間去徹底征服薩姆尼特人，足見羅馬人驚人的強烈執著及頑強。

在那之後的西元前三世紀至前二世紀，羅馬又不斷與地中海貿易起家的迦太基（Carthage）開戰，一共打過三次，是為布匿克戰爭（Punic Wars）。羅馬雖在第一次布匿克戰爭中獲得勝利，可是第二次布匿克戰爭就在義大利東南的坎尼（Cannae）大敗，戰死者共計約有七萬，其中包含元老院貴族八十人，可謂一場歷史性的大敗仗。

這場戰役的敵軍將領是在歷史留下猛將之名的漢尼拔（Hannibal），不過此時羅馬也從失敗中汲取了諸多經驗，堅忍不拔地進行戰鬥，最後終於以壓倒性的勝利結束第二次布匿克戰爭。

1 譯注：羅馬人於西元前三二一年的卡夫丁峽谷戰役（Battle of the Caudine Forks）中，被薩姆尼特人圍困於峽谷隘道，以致未交鋒即慘敗。勝者薩姆尼特方要求投降的羅馬士兵必須鑽過兩根長柱與長槍搭成的軛，才能釋放他們歸國，本戰役被羅馬視為奇恥大辱。

在坎尼被打得潰不成軍的羅馬軍隊接著由年僅二十多歲的西庇阿（Scipio）[2]指揮，這位出身名門西庇阿家族的年輕人徹底研究了漢尼拔的戰略，在迦太基境內的扎馬（Zama）[3]成功復仇。西庇阿將羅馬人痛恨的迦太基打得體無完膚、凱旋而歸，自是受到羅馬人熱烈歡迎，還稱他為「非洲征服者（Africanus）」。

向來極度厭惡獨裁者的羅馬人，竟也在此時數度提案想讓西庇阿擔任羅馬終身執政官或終身獨裁者，只是西庇阿均堅決辭謝。然而我們也知道，就如卡米盧斯的情形一般，早晚會出現畏懼西庇阿人望之輩。

果然，某一位貴族開始偏執地批判西庇阿，那人就是後來有「老加圖」（Cato Maior）之稱的監察官加圖（Marcus Porcius Cato）。就算西庇阿本人再三聲明自己毫無擔任獨裁官之意，加圖也全然不信，動不動就指控「西庇阿是個追求獨裁的危險人物」，終究釀成彈劾西庇阿與弟弟盧修斯（Lucius Cornelius Scipio Asiaticus）的審判局面。

雖然最後西庇阿兄弟得以撤銷告訴，但這位救國英雄已經相當厭倦羅馬的權力鬥爭，歸隱田園去了，據傳他後來再也沒有回到羅馬，在歸隱中結束了享年五十三歲的人生。我們無法詳知他晚年過得如何，留存下來的只有他在自己墓碑刻下「不知感恩的祖國，你們不值得擁有我的遺骨」這一段軼事。

國粹派與改革派的對立

為什麼像西庇阿這樣掀起民眾狂熱、連厭惡獨裁的羅馬人都說想讓他當終身獨裁者的人物，會落到如此地步呢？縱有反西庇阿急先鋒加圖的激烈辯說，單憑他一人之力應該也辦不到。

事實上，西庇阿雖受到民眾熱烈愛戴，卻也同時為元老院所厭惡，而厭惡原因就在於他的「希臘風尚」。

如同前述，對羅馬來說，希臘是一個令人憧憬的先進國家。羅馬建國之初也有一

2 譯注：這裡指的是「大西庇阿」普布利烏斯．科爾內利烏斯．西庇阿．非洲征服者（Publius Cornelius Scipio Africanus，西元前二三五年—前一八三年）。

3 譯注：北非扎馬平原。

段學習希臘、伊斯特拉坎文化技術，並將其學以致用的歷史。

在那個向外學習的羅馬之中，西庇阿家族很早就建立積極進取的風氣，而後也是他們在關照被帶來羅馬的人質——希臘歷史學家波利比烏斯。相對地，加圖一族則是重視傳統的國粹派領袖，加圖斷言輸入希臘文化百害而無一利，還強烈批判希臘文化就是導致羅馬人道德敗壞、使羅馬軍隊墮落的元兇。

加圖確實嫉妒西庇阿的軍功與名望，不過早在西庇阿博得盛名之前，加圖就已經相當厭惡推崇希臘風尚的西庇阿了。除了加圖以外，許多元老院都對西庇阿這種主張仿效希臘、改革羅馬的「改革派」抱持反感。

隨著「保守派」、「改革派」的鬥爭越演越烈，接下來元老院分成兩派，然後又發展成平民與貴族的對立，釀成共和政體後期進入「內亂一世紀」時代的火種，而在內亂中登場的正是那位儒略．凱撒（Gaius Julius Caesar）。

推動國政改革的凱撒派、與想要阻止改革的元老院雙方勢不兩立，元老院貴族遂安排刺殺凱撒——於是，羅馬第一位「皇帝」就在元老院的這個「失算」中誕生了。

第七章　從共和邁向帝政

羅馬共和政體的「法西斯主義」

維繫五百年的羅馬共和政體在西元前一世紀後半時，因凱撒的登場轉變成為「帝政」。羅馬人明明那麼討厭獨裁，為什麼會接受單一的主權者呢？若我們去細看是哪些階層、他們又為何支持皇帝的存在，就能找出箇中原因。

在此有兩個關鍵詞登場，即「共和政體法西斯主義」與「無產公民」。「共和政體法西斯主義」一詞可能會讓不少人覺得有點奇怪，一般聽到「法西斯主義」（fascism）時，最先想到的應該都是二十世紀在義大利崛起的墨索里尼法西斯黨、以

臨危受命的辛辛納圖斯

△

西班牙畫家胡安・安東尼奧・里維拉（Juan Antonio Ribera）發表於 1806 年的作品，
描繪了西元前五世紀的辛辛納圖斯（Cincinnatus，畫中赤裸上身者）臨危受命，
擔任羅馬獨裁官的場景。畫中左方有兩位手持「法西斯」權杖的刀斧手。

及撼動世界的德國納粹黨。在我們現代人的印象裡，法西斯主義和獨裁乃是一體兩面，羅馬共和政體卻是標榜防止獨裁而生，兩者在某種意義上是完全抵觸的。

然而，事實上「法西斯主義」一詞原本並非獨裁之意。

法西斯主義一詞源自拉丁文的「fasces」，指古羅馬象徵權威的一種斧頭裝飾束棒，而對羅馬貴族來說即直接連結到武功、軍功。就像我們在前一章看到的，二度獲得獨裁官提名的卡米盧斯也好、大破迦太基而深受民眾愛戴，擔任終身獨裁官的西庇阿也好，他們都是以軍功廣獲民眾支持的英雄。

說起跨越五百年的羅馬共和歷史，其實就是不斷在侵略周邊諸國。不過這個狀況也不是羅馬才有，當時不管哪個國家，都必須為了維護、存續國脈而與鄰國戰鬥，是以國家預算有大半、甚至有將近七成得投注在軍事費用上。

古代國家的政治系統與軍事系統密不可分，公民就是國家的戰力。公民平時為農耕之民，發生戰事則往戰地赴命且拚死戰鬥。至於民眾為何要拚死戰鬥，除了心懷對祖國的熱愛，另外也是為了戰勝就能得到戰利品或新的土地。

相較於民眾謀求實質利益，貴族則是追求軍功。每當羅馬在大型戰役獲勝，羅馬人就會建造紀念戰勝的雄偉凱旋門，舉行盛大的凱旋儀式。這顯示他們視爭取軍功為至高無上的榮譽，軍功對於學習祖宗遺法的他們來說，亦為最高等的勳章。

羅馬的共和政體不同於獨裁，是靠軍事力量說話的霸權主義，而且還不是「守護既有事物的防衛」，是「先發制人的防衛」。換句話說，他們的軍國主義建立在「攻擊就是最好的防禦」觀念，我認為這一點是不可忽視的。我之所以敢把「法西斯主義」這個令人聯想到獨裁的詞彙用於羅馬共和政體上，原因在於這種先發制人防衛的軍國主義，某種意義上和二十世紀法西斯主義是共通的。

共和政體末期的執政官馬略（Gaius Marius）、以及馬略過世後的獨裁官蘇拉（Sulla），他們都是軍功在身之人。想當然爾，那位凱撒、與他共組寡頭政體「前三頭政治」的龐培（Gnaeus Pompeius Magnus）、克拉蘇（Marcus Licinius Crassus）亦是如此。共和政體下的羅馬就是靠著貫徹先發制人作為防衛的法西斯主義，擴大領土、邁向帝國，然則他們頻頻開戰、打下廣大領土的代價就是引來「帝政」。

從帝國化衍生出的「無產公民」火種

西元前一四六年，羅馬稱霸地中海世界成為實質上的「帝國」。經過一世紀與迦太基的交戰，羅馬終於成功征服地中海西側，還將原本屬於馬其頓領土的地中海東側全部歸入行省。

隨著羅馬走向帝國化，龐大的戰利品、廣大的領土及其帶來的巨大利益也跟著到手。但另一方面也浮現一個嚴重的問題：長期戰亂不斷，身為勞動力的男性改去服兵役，導致農地荒廢，然後收穫減產的窮困農民放棄農地湧進都市，成為「無產公民」。

上流貴族用賤價買下窮困農民釋出的農地，再讓戰爭得來的奴隸去耕作，自己悠閒度日。於是富者越來越富有，窮者既無土地亦無工作，反而越來越窮困。迅速擴大的貧富差距不僅破壞了波利比烏斯所稱頌的羅馬混合政體平衡，也改變了人們的觀念。

原本只要提到羅馬人，就會說他們重視公眾大於個人、並且熱愛祖國，可是這個羅馬的發展基礎隨著富者、窮者對立越趨嚴重，其喪失愛國情操、只愛自己或只愛自家人的狀況也逐漸顯露出來。

此時挺身而出解決問題的便是改革派貴族的格拉古（Gracchi）兄弟。他們的母親是人稱非洲征服者的西庇阿之女，父親也是曾二度擔任執政官的名流之士。

首先出面改革的是哥哥提比略（Tiberius Gracchus），他才二十多歲就擔任護民官，提出限制大批土地所有權的改革案。雖說這是為了拯救窮困的平民，卻遭到既得權益受損的元老院「貴族派」強烈反彈，殘忍地將他殺害。接下來比他小八歲的弟弟蓋烏斯（Gaius Gracchus）同樣當上護民官、踏上改革之路，仍遭反對派窮追猛打，以致最終自裁。

提比略慘死之際掀起民怨沸騰，致使元老院只好勉強同意已故提比略的土地改革案。而後蓋烏斯的提案不僅剝奪貴族既得權益，還賦予其他都市的公民也能享有羅馬公民權，結果也遭到羅馬民眾反彈。

羅馬公民享有公職選舉權、免稅權等各式各樣的特權，所以這些羅馬民眾就是想要守護手上的既得權益，不管是貴族還平民，已不再考量祖國、考量公眾，而是為了自己、或自己人的階級及階層利害而行動。

共和政體下的蘇拉獨裁

歷史告訴我們，內政紊亂終將引來國防危機。即便羅馬已成大國，一旦陷入內鬥四起的混亂狀態，仍會惹來鄰近國家的覬覦。過去的同盟國努米底亞（Numidia，位於今阿爾及利亞之王國）率先向羅馬宣戰，北方的日耳曼（Germani）民族也開始侵犯羅馬領土。

此時拯救羅馬危機的是出身窮困平民、卻以軍功登上執政官顛峰的蓋烏斯・馬略（Gaius Marius）。馬略是身平民派的核心人物，他同意以往沒有從軍資格的無產公民入伍，在解決失業問題的同時還增強了兵力，順利地守住國境邊界。

貴族派對於馬略的手腕和人望產生了危機感，遂擁立在努米底亞作戰有功的蘇拉與之抗衡，待馬略一離世，隨即將蘇拉推上獨裁官之位，而且一般獨裁官任期都是半年，蘇拉的任期竟無限制。

蘇拉以元老院為治理國家之中心，施行一番大改革以復甦那古老美好時代的共和政體。他為了加強元老院的權力，將議員名額從三百倍增為六百人，而對守護平民權力的護民官特權反倒加以限制。換句話說，這是羅馬元老院在藉由獨裁來強化貴族政治。

蘇拉壓制平民派又積極進行改革，建立起一個牢固的政權，然而他僅就任三年就爽快地交回獨裁官職位，想著退休後娶個年輕妻子，享受醉心於嗜好的優雅日子，結果二年後便離開人世了。應該說他是聰明、還是看得透徹呢？我想他應該是明白獨裁寶座不可久居的道理。

凱撒登場後變質的共和政體

蘇拉的改革並沒有消除平民、貴族兩派的對立。當劍鬥士[1]斯巴達克斯（Spartacus）等人群起造反之時，那些總是被迫在上流貴族農地上艱苦工作的奴隸們也加入成為叛軍（西元前七十三年），其規模一度壯大到可逼退羅馬軍隊之勢。

這場叛亂由馬庫斯・李錫尼・克拉蘇（Marcus Licinius Crassus）、格涅烏斯・龐培（Gnaeus Pompeius Magnus）平定，克拉蘇打敗了叛軍首領斯巴達克斯、龐培則是消滅剩餘敗軍。他們共享軍功，也為軍功而反目，為避免事態惡化，二人遂共同擔任執政官。此時克拉蘇為四十五歲，龐培三十六歲。

年經的龐培後來又屢立戰功，深獲民眾信任，因此元老院也將他視為危險分子，擔心他哪天會變成獨裁者。即使龐培本人沒有獨裁的意思，也像西庇阿那般被元老院偏頗質疑、受到不公平的對待。

恰好就在這個時候，儒略・凱撒（Julius Caesar）剛剛掃平伊比利半島、意氣風發地凱旋歸來。儒略家是歷史悠久的名門家族，據傳早已家道中落，凱撒是出生在羅馬市區內的貧民街區。不過他很幸運有一位嫁給平民派首領馬略的姑姑，這個立足點幫助他登上朱比特神殿的祭司、名譽職的大神官還有法務官之位，以非常快的速度一路衝上政界頂點。

凱撒從伊比利半島歸國時已經三十九歲，他舉行慶祝軍功的凱旋儀式，打算馬上接著參選執政官。只是元老院不同意這件事，反而命令凱撒去擊退當時在此搗亂的山

1 譯注：即 Gladiator，亦作「角鬥士」，羅馬競技場的奴隸鬥士。

賊，原因在於元老院早就對凱撒浮誇的舉止相當反感。

當然，要是為這點事氣餒，可就不是凱撒了。無論如何都想當上執政官的凱撒想出一計，他找來從以前就一直支持他的贊助者克拉蘇（擁有羅馬市街大半土地的大富翁）、以及對元老院抱有不滿的龐培，組起同盟對抗元老院。

這個計策果然成功，西元前五十九年，凱撒終於當上執政官，和克拉蘇、龐培三人共同開啟了所謂的「前三頭政治」[2]。

「骰子已擲下」[3]

前三頭政權掌握了權力、武力、財富三個關鍵，看似一帆風順，可惜才過五年左右，其中就出現了不諧和之音。首先是凱撒嫁給龐培的女兒在產後病故，隔年克拉蘇於遠征時戰死，正當這互相牽制的三足鼎立形勢失去平衡之際，元老院就伸出了魔掌。

當凱撒遠征平定高盧、人不在羅馬的期間，畏懼凱撒走向獨裁的元老院趁機說服龐培，將他奉為反凱撒派的核心人物。我認為龐培並不是討厭凱撒才這麼做，直接了當地說，他應該是被元老院矇騙了。一個在戰場上善於指揮的人，不見得就能成為事事深謀遠慮的政治家。

凱撒獲知國內不安穩的動向，馬上下定決心，在返回羅馬之時，打破成規全副武裝地渡過盧比孔河（Rubicon）。這是一個等同反叛羅馬的魯莽行動，但是已經沒有退路了。「骰子已擲下」——這句凱撒名言的發言對象與其說是龐培，其背後意義更是在表達其將與掌控故國的元老院發起正面對決。

儘管凱撒在軍隊人數上處於劣勢，他還是打敗了龐培，還在三年內殲滅了留在地中海東部、西班牙的龐培之子與殘餘勢力。西元前四十六年，凱撒凱旋回到羅馬，受到民眾熱烈的歡迎。

元老院的計謀以徹底失敗告終，他們本想拉抬龐培來阻絕凱撒獨裁之路，結果反

2 譯注：又稱「前三頭同盟」、或稱此三人為三巨頭、三雄等。

3 譯注：拉丁文原文為「Alea iacta est」，指骰子已經擲下，孤注一擲，沒有退路。

而送給凱撒莫大的人望和權力。

凱撒登場造成羅馬共和政體的巨大改變，他手握名實相符的極大權力，凱旋歸來之後又迅速強制執行一連串改革。他的手段固然是強硬獨裁，然而原則上仍維持且遵守共和政體。

其實凱撒從未打算就此推翻共和政體，可是共和政體那引以為傲的絕妙權力平衡已經完全崩塌。以貴族政體為主體結合獨裁政體、民主政體的三權分立結構平衡再也無法維繫，國家營運主軸將從貴族政治基地的「元老院」逐漸轉移到「皇帝」身上。

邁向終身獨裁官之路

凱撒掃平龐培勢力後掌握羅馬全軍的指揮大權，開始在國內一步步推動大型改革。有些本來應該會被元老院否決的改革措施，也在此時獲得批准。

為什麼凱撒做得到呢？那些曾經想要流放凱撒的元老院貴族並未歸順，對他更是抱有根深蒂固的反感。於是凱撒為了抑止反對勢力，便增加了元老院的議員員額。

這個作法看似讓人以為會增強元老院的勢力、帶來反效果，殊不知其實是個巧妙計策。因為新增的議員席次都用在當時義大利半島各都市崛起的新興貴族，而他們都是凱撒的支持者。凱撒沒有把反對勢力從元老院驅逐出去，而是利用增加支持者的方式來讓元老院置於自己的掌控之下。

即便凱撒已經達到了實質上的獨裁體制，不過他可不會犯下馬上自立為「王」的愚蠢錯誤。他利用共和政體系統的「獨裁官」（dictator）編制，把任期從半年加長為一年、再延至十年，最後改成終身，然後自行就任終身獨裁官。

只是凱撒當上終身獨裁官的那一年，就在元老院迴廊上遭到大批反凱撒派議員包圍殺害，這也就是眾所周知「還有你嗎？布魯圖」[4]這句名言的發生場景。此情此景距離凱撒凱旋歸來受到羅馬民眾歡迎的那一刻，也不過才兩年而已。

4 譯注：拉丁文原文為「Et tu, Brute?」，一般認為是凱撒臨死前對刺殺者其中一員布魯圖——他的得意助手、友人兼養子——所說的最後一句話。而後這句話用來比喻「被親近的人背叛」，「布魯圖」也成為叛徒的代名詞。

凱撒之死

△

德國畫家卡爾・馮・皮洛蒂（Karl von Piloty）發表於 1865 年的作品，
描繪了頭戴桂冠、手持權杖的獨裁者凱撒，即將被深厚的元老院議員刺殺的場景。
據歷史記載，約有六十名以上的議員參與刺殺行動。

元老院的失算

凱撒將軍遭到暗殺，眾多市民前來參加他的喪禮、哀嘆他的死去。這對元老院而言就是大大失算了，他們本來還以為葬送這個違反共和政體傳統的獨裁者，就能夠得到市民們的喝采支持。

看來凱撒確實有這種吸引他人的不可思議魅力。充滿領袖魅力的他，對保守的元老院貴族是個威脅，但在民眾和羅馬士兵之間可是眾望所集。

在我看來凱撒人望高漲還有另一個原因，就是他超越當世的「寬容」態度。比如跟凱撒分道揚鑣的龐培，相傳是個「不從吾者，即為吾敵」、充滿威脅性的人物；而凱撒卻是說「無力無依者，皆為吾黨」。事實上，凱撒在與龐培一戰獲勝之後，也寬恕了擁立龐培的元老院貴族派，沒有給予什麼處罰。

就算是面對龐培本人，凱撒也從不希望對手死去，應是打算若對方歸順就接納他。龐培後來在逃亡途中被殺害，據說凱撒見到其首級時不但沒有任何欣喜，還流下了悲傷的眼淚。

除此之外，他也從來不會把羅馬制度強加在已被征服成為行省的諸國，容許諸國保有某種程度的自由及自治——這一點在古代軍國主義的世界可說非常罕見。拉丁文中意謂慈愛、寬容的「clementia」一詞，就時常用來形容凱撒，足見他的態度廣受稱讚與尊敬。

話說凱撒可能是感受到有暗殺的危機，故預先留下一份遺囑，並由他的心腹、共同擔任執政官的馬克・安東尼（Marcus Antonius）對哀悼凱撒之死的民眾宣讀之。凱撒在上面寫下要開放自己的宅邸，以及將大部分私有財產分配給羅馬公民。

這份遺囑的影響極大，使民眾糾舉元老院的貴族派，將插手暗殺之人從羅馬流放出去，也難怪元老院慌了手腳。

凱撒還在遺囑上指名要收外甥之子蓋烏斯・屋大維・圖里努斯（Gaius Octavius Thurinus，這時改名為屋大維亞努斯）為養子及接班人。這對本以為會指名自己的安東尼來說真是晴天霹靂，安東尼此時三十九歲，經驗豐富、又是凱撒的心腹，而屋大維才十九歲，然則正如凱撒所料，屋大維這位年輕人確實具備為政者之才能。

當時擔任執政官的雷比達（Marcus Aemilius Lepidus）可不會放過屋大維和安東尼

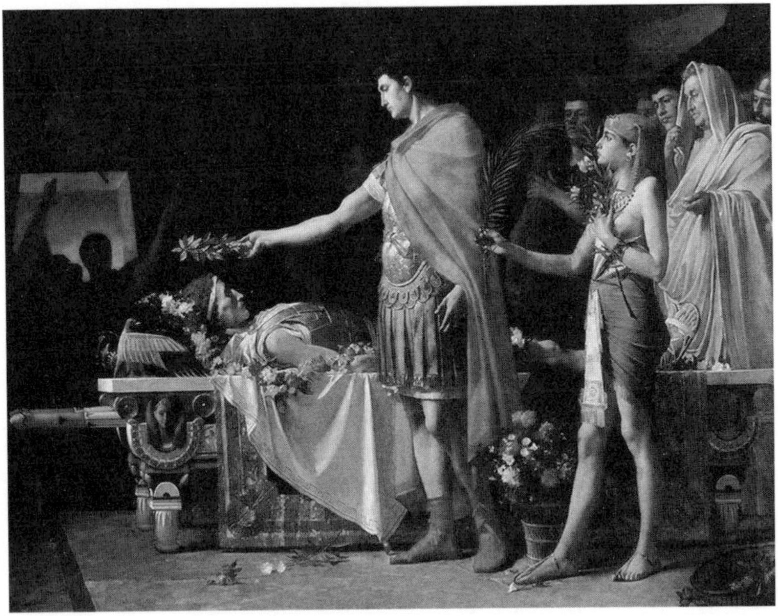

哀悼凱撒的安東尼與克麗奧佩脫拉

△

法國畫家萊昂・內爾・羅耶（Lionel Noel Royer）發表於 1878 年的作品，
描繪了凱撒權力繼承者之一的安東尼與埃及的克麗奧佩脫拉哀悼凱撒遺體的場景。

之間的尷尬關係，他提案和安東尼、屋大維三人共同統治羅馬，開啟了「後三頭政治」，只是沒有維持很久，雷比達力量不足、勢力減弱只得引退。之後安東尼太過迷戀埃及豔后克麗奧佩脫拉（Cleopatra VII Philopator）而忽視羅馬意向所在，在與屋大維的爭鬥中兵敗自殺。最後，正如凱撒遺囑所言，屋大維君臨羅馬帝國，成為實際上的唯一統治者。

打著共和政體旗號的「元首政體」

屋大維也像凱撒一樣當上了唯一的統治者，他從凱撒之死學到很多經驗，是以非常重視共和政體這個「旗號」。屋大維把他和雷比達、安東尼相爭時被授與的特殊大權交回元老院與公民大會，縱然元老院推薦他擔任獨裁官，他也堅決拒絕，從頭到尾只說自己是「第一公民」（Princeps）。

守護共和政體形式、使其不致崩塌的屋大維，獲得了元老院的高度讚賞。西元前二十七年，元老院贈與他「奧古斯都」（Augustus，指「至尊之人」）之名，決議由元老院及奧古斯都共同分擔國政。乍看之下似乎維持了共和政體，不過就像我們已經知道的，「奧古斯都」這個尊稱後來用來表示「正皇帝」，屋大維亞努斯改名奧古斯都，成為實際上的「皇帝」——亦即羅馬帝國的首任皇帝。

聰明的奧古斯都打著共和政體的旗號維持其形式，實際上則是施行皇帝的「帝政」。他幾乎沒有改動共和政體時代以來的舊體制，而是去建構新的國政體系，這也可說是實踐了養父凱撒的遺志。

凱撒早已發現舊有共和體系再也無法治理大型帝國的羅馬，生在羅馬百年內亂的他，心中所願並非自己當王，而是羅馬的和平。我認為他就是為了取回羅馬和平、建立一個更美好帝國，所以採用就任終身獨裁官的方式去強制執行必要之改革。

凱撒就是因為太過耀眼奪目而得罪了元老院，而後思慮周全、不再重蹈覆轍的奧古斯都帶來四十年羅馬盛世，實現了凱撒所祈求的帝國和平。

第八章　帝政之要害在於接班人問題

接連出現的昏君

選出一位優秀的接班人，也可說是凱撒的偉大成就之一。無論民主或獨裁政體，是吉是凶均與領袖相關。帝政羅馬亦然，其有一段時間是明君、暴君輪番上任，致使國政不太安穩。

成功統治大帝國的首任皇帝奧古斯都也曾為遴選接班人問題費盡苦心。上天並未眷顧這位有過三段婚姻的男人，所以他把女兒嫁給心腹阿格里帕（Marcus Vipsanius Agrippa），還收養他們生下的兩個兒子，只是奧古斯都滿懷期盼的這兩個孫子都先行離世。

最後奧古斯都指定作為接班人的，是他第三任妻子莉薇亞（Livia Drusilla）和前夫生的提比略（Tiberius Caesar Augustus）。提比略隱身於凱撒跟奧古斯都兩位有名大人物之下，在日本的知名度很低，不過他很有軍事才能，也是個優秀的行政官員，問題出在下一任皇帝身上。

幾經波折，最後提比略選擇了他弟弟的孫子蓋烏斯（Gaius Caesar Augustus Germanicus）成為接班人選。這位年僅二十四歲就登基的羅馬第三任皇帝，就是惡名昭彰的卡利古拉（Caligula）。他剛即位大約半年時，曾賜予民眾賞金、減輕賦稅、給予士兵加倍的盛大犒賞，這些舉動都深得民心。可是在他生了一場重病、與病魔纏鬥兩個月歸來之後，就像是變成了另一個人。

卡利古拉變得疑神疑鬼，先是接連處罰身邊的人們，接著又極盡奢侈到離譜的地步，他花光提比略留下的遺產後，即沒收富裕貴族的財產、再課以重稅。不知真假與否，據傳他還在宮殿裡開辦妓院來賺錢。於是惱怒已極的元老院便研擬一個周詳的計畫，暗殺了卡利古拉，其在位僅有四年。

在沒有接班人的狀況下，卡利古拉的禁衛軍選中了提比略的姪子克勞迪（Tiberius Claudius Caesar Augustus Germanicus）繼任下一任皇帝。克勞迪雖然容貌方面有缺陷，甚至曾被生母感嘆是個「人類模樣的怪物」，但他建置了適合帝政的官僚體系、廣納有才之士等等，展現了他身為一個為政者的優秀能力。

克勞迪在他統治第十四年秋天不幸死亡——被圖謀「我兒子要當下一任皇帝」的第四任妻子小阿格里皮娜（Agrippina the Younger）所毒殺。而小阿格里皮娜謀劃的第五任皇帝，正是當時年僅十六歲的尼祿（Nero Claudius Caesar Augustus Germanicus）。

尼祿剛上任時聽從哲學家辛尼卡（Lucius Annaeus Seneca）等近臣的意見，勤於施行善政，然而到了二十多歲左右就流露出暴君的本性。不管是親族還是近臣，只要惹尼祿不快，就會被他不擇手段害死：他的母親因干涉政治被殺、第一任妻子蒙受不貞的冤枉罪名被處刑、第二任妻子還在懷孕期間被尼祿踢打肚子致死。

就算是這樣殘暴的尼祿，也曾在即位之初做過華麗的表面工夫，在民眾間頗得人望，只是他殺害母親的傳聞終成致命傷，使得人心離叛，後來尼祿在得知軍隊造反消

尼祿的暴行

△

波蘭畫家亨里克・希米拉茲基（Henryk Siemiradzki）發表於 1876 年的作品，
描繪了被貴族和奴隸簇擁，乘坐在黃金抬轎的暴君尼祿，
正欣賞受迫害的基督徒（圖右方）即將遭受火刑的場景。

息時，或許是已自知無望，他最後選擇自殺。

尼祿死後，羅馬在短短一年內就擁立了三位皇帝，不過都很短命就離世了。接下來繼任的是重建羅馬財政的維希帕西亞努斯（Titus Flavius Vespasianus），以及在火山爆發重災之中盡力救治龐貝（Pompeii）災民的提圖斯（Titus Flavius Vespasianus），然後惡夢一般的獨裁者又再度降臨，亦即貫徹恐怖政治來管束人民的圖密善（Titus Flavius Domitianus）。圖密善在位十五年間不斷進行可稱之為虐殺的肅清行動，而最後他也遭到暗殺，其統治隨之落幕。

邁向五賢君時代

羅馬自首任皇帝奧古斯都的盛世以降，僅一百年間就相繼出現卡利古拉、尼祿、圖密善三位暴君，使得復活共和政體的呼聲日益高漲。在元老院帶領多次討論後，最終得出了「只要人選正確，帝政仍是最佳制度」的結論。

因此，新皇帝的遴選標準首重「人品」。羅馬是軍國主義的國家，自然先看候選人作為軍人的經驗及才能，而既然要擔任國家的最高領導者，也必須有與之相應的見識。在這個原則之下，他們希望不論出身，選擇一個能讓軍方跟元老院都有好感的人物。

首先選出的是元老院的資深議員涅爾瓦（Marcus Cocceius Nerva），他當時已經六十六歲，在那個時代算是非常高齡了，然而他素有仁德之名，更令人激賞的是他無論家世、經歷、功績都挑不出毛病。從這位人選成功繼任起始，羅馬連續出現五任賢君，進入了堪稱人類史上最幸福的「五賢君時代」。

對於高齡又沒有親生兒子的涅爾瓦來說，當務之急就是要找尋接班人。他指名國境最前線日耳曼尼亞（Germania）行省的總督來擔任下一任皇帝，亦即有「最好的君主」（Princeps Optimus Maximus）美稱的圖拉真（Caesar Nerva Trajanus）。圖拉真與涅爾瓦二人並無任何親屬關係，甚至圖拉真還不是羅馬出身人士，他的出生地在西班牙行省的塞維亞（Sevilla）近郊（今西班牙南部）。涅爾瓦打破舊有習慣，首度拔擢行省出身的皇帝。

圖拉真很早就以軍人身分嶄露頭角，三十八歲時獲選為執政官，在政界廣受好評。他身材健壯、相貌堂堂、為人謙虛，對市井小民也相當友善。後世的歷史學家卡西烏斯．狄奧（Lucius Cassius Dio）如此評斷圖拉真：「圖拉真對民眾抱以溫情，對元老院樹以威嚴。因此，每個人都敬愛他，沒有人恐懼他——僅有敵人除外。」

我想，除了他以外，歷史上應該沒有其他領導者受到如此讚頌吧！

「沒有歷史的皇帝」及其手腕

繼承圖拉真二十年盛世的下一任皇帝，是他的堂姪哈德良（Publius Aelius Trajanus Hadrianus）。哈德良身材高大、眉清目秀，學問方面從醫學、數學到哲學皆有所長，藝術方面也在音樂、文學展現豐富才能，還是個功績無可挑剔的軍人。附帶一提，日本漫畫家山崎麻里所作漫畫、還翻拍成電影的《羅馬浴場》（日文原名：テルマエ・ロマエ），其故事背景就是哈德良治理下的羅馬盛世。

說起哈德良最大的功績，應該是他放棄了一部分的領土。即便亞美尼亞、美索不達米亞地區已被羅馬兼併，卻依然叛亂不斷，軍事防禦費用隨著羅馬國土邊界擴大而持續增加，對財政形成壓迫。

哈德良果斷割捨那些成為帝國重擔的領土，即位後耗費數年穩定政治情勢並重建財政，而後又為視察行省投入許多時間。他以皇帝之尊親自前往行省，為的就是提高各地軍隊士氣，以維持秩序安穩。

有「旅行皇帝」之稱的哈德良晚年為病痛所苦，死前讓出帝位，接下來由安敦尼．庇護（Antoninus Pius）繼任之。儘管安敦尼是五賢君之中在位時間最長的，卻沒有什麼特別的事件或變故，故而被稱為「沒有歷史的皇帝」。然則用另一角度來看，或許正是因為如此，他才能長久穩定地領導、經營帝國。安敦尼固然沒有什麼戲劇化的插曲，可是我倒覺得實際上他應該是五賢君中最出色的皇帝呢！

安敦尼．庇護倒是沒有接班人的煩惱，哈德良早就指名了後續接班人：一位是馬可．奧理略，另一位是哈德良原本屬意接班人盧修斯．凱歐尼烏斯．康茂德（Lucius Ceionius Commodus）[1]留下的兒子盧修斯．維魯斯（Lucius Ceionius Commodus Verus）。

馬可・奧理略的失敗

奧理略、盧修斯從哈德良之命成為安敦尼養子時，分別是十六歲及七歲。經過長久而和平的安東尼・庇護盛世，二人開始共同統治帝國時，馬可已經四十歲了。哈德良對奧理略的預測可謂相當正確，而對盧修斯就算是看走眼了。安敦尼察覺了兩人資質才能的差距，遂於死前將帝國託付給奧理略，而奧理略又將自己的女兒嫁給盧修斯，採用雙皇帝體制來統治帝國。

當他們二人共同統治時，等待他們的是多起天災及邊境外敵入侵。雖然盧修斯在帝國東方的討伐戰事順利，但歸來的士兵們同時帶回了戰利品跟瘟疫，而瘟疫讓羅馬人痛苦了超過十年之久。

後來盧修斯在平定北方戰事歸來途中，因腦中風而過世，雙帝共同統治遂以八年

---

1 譯注：盧修斯・凱歐尼烏斯・康茂德後改名 Lucius Aelius Caesar，原為哈德良養子暨接班人，因早逝而改由安敦尼繼位。

告終。

馬可．奧理略著有《沉思錄》（*Meditations*），他從少年時期便為哲學深深著迷，曾衷心盼望成為一名哲學家。他之所以放棄夢想，順從哈德良、安敦尼兩位賢君之意，或許也是因為信奉古希臘斯多葛（Stoicism）哲學派「坦然接受命運」的說法吧。

奧理略總是在繁忙公務抽出時間自省，像寫日記一般記下自己當下的思考、以及對自身的訓誡之言，此即《沉思錄》，以下引用數則：

「當心不要成為專制君王，也不要染上這種習性。」

「敬神而愛人。人生苦短。」

「我所遵循之物為何？只有一個——那就是哲學。」

從前，對雅典民主政體感到絕望的柏拉圖曾提出，理想政體應為出色哲學家所施行的獨裁。我認為奧理略就是一位理想的哲學家皇帝，那麼他自己有意識到這點嗎？

「哲學家皇帝」奧理略的臨終時刻
△
法國畫家歐仁・德拉克羅瓦（Eugène Delacroix）發表於 1844 年的作品，
描繪了「哲學家」皇帝奧理略的臨終時刻：
床上的奧里略正向左方面露哀戚的親友交代遺言，
但位於他右方的繼承者康茂德卻身穿紅衣、神色冷漠，畫家以此暗示奧理略所託非人。

「不要寄望柏拉圖的理想國，能有些微進步足矣。」

這是他在《沉思錄》寫下的一段話，其謙虛自牧、深思熟慮，不正是柏拉圖追求的那種理想獨裁者嗎？

奧理略已經開始注意到隱藏在帝國繁榮背後的難題，也確實如他的文字敘述傾盡全心全力去治理。清廉又有人望的奧理略，犯下的唯一錯誤——而且是一個重大錯誤，就是指定兒子康茂德（Lucius Aurelius Commodus Antoninus）擔任接班人，任命年僅十五歲的他擔任共同統治皇帝。

奧理略生有十四個孩子，其中只有一個兒子長大成人，即粗暴的康茂德，周遭之人應已察覺他並非君王之器，而這個登上繁榮巔峰的帝國，便從此走向布滿荊棘的下坡之路。

第九章　羅馬為何會滅亡？

「衰老」降臨帝國

歷經漫長歲月成長為巨大帝國的羅馬，從五賢君時代結束、昏君康茂德登場開始，就一點一點、卻實實在在地逐漸衰退。它並非一口氣土崩瓦解，倒是像在慢慢衰老。

羅馬帝政實質上乃為獨裁政體，不過表面上仍舊維持共和政體。卡利古拉、尼祿、圖密善這幾位皇帝之所以被烙上暴君名號，固然是因為他們的專橫殘暴，但最大的問題應該還是在於他們輕視元老院、又對諸多議員處刑。

自涅爾瓦起的五位賢君，每一位都對元老院保持敬意、慎重對待。話雖如此，他們倒也不是一直處在蜜月期，比如旅行皇帝哈德良就是為了避免跟元老院發生無謂衝突，才會長期遠離羅馬。

「他們互相藐視、互相諂媚，一方面想要超越彼此，一方面又禮讓彼此。」

馬可．奧理略於《沉思錄》中如此記載，這應該是在說他對於元老院議員和宮廷有力貴族的矯情、邪惡、計謀等感到相當不安。然而他在推動事務時依然會徵詢元老院的意思，並依應有的程序做出決定，保持了共和政體的原則和形式，故而能稱作賢君。

五賢君時代的羅馬帝政可說是從貴族主導之共和政體轉變而來的獨裁政體。在三位暴君肆虐之下，元老院仍未廢止帝位，我想就是他們已經瞭解到，從前的共和政體再也無法用來經營擴大後的國家了。而且就算是獨裁，只要最高掌權者夠優秀，便懂得汲取元老院的意見——換句話說，他們選擇了重視皇帝「人品」、且能維護元老院

羅馬帝國的衰弱時代
△
法國畫家托馬斯．庫蒂爾（Thomas Couture）發表於 1847 年的作品，
以絢麗的畫風，描繪了帝國時期的羅馬貴族的享樂場景，
呈現當時頹廢的社會風氣，是帝國的衰弱象徵。

機構體系的帝政。

可惜的是，美好的賢君時代僅僅維持不到一百年。接下來繼承奧理略腳步的康茂德總是任性妄為，不但流連後宮，還對處理政務的皇帝近臣、惹他不快的元老院議員等施以刑罰再沒收財產。康茂德在位時政治腐敗，最後他還被自己的禁衛隊長和情婦——這兩位原本應該守護他的人給暗殺了。

開啟軍隊失控之路的外族皇帝

康茂德被暗殺之後，由非常優秀又有強烈正義感的佩蒂奈克斯（Publius Helvius Pertinax）繼任帝位，只是他的急遽改革招來反對，才上任三個月就又被暗殺。

那麼，接下來又要選誰呢——不知是找不出人選，還是選人太過麻煩？羅馬竟然開始拍賣帝位了！獲勝（得標）者是靠貸款發財的大富翁尤利安努斯（Marcus Didius Severus Julianus），不過他才上任兩個月左右就被處死，帝位轉讓給行省總督塞普蒂米烏斯．塞維魯斯（Septimius Severus）。

由軍隊擁立為帝的塞維魯斯為羅馬北非行省出身，既然前有現今西班牙一帶出身的圖拉真、哈德良，所以皇帝出身非義大利倒也不是什麼大問題。但像塞維魯斯這種出自印歐語系民族的，可就是頭一遭了。

這位生根在非洲的外族軍人皇帝並不關心羅馬式的價值觀或傳統，他打破舊有的羅馬常規，強制執行大膽的改革。其中一項就是廢除軍隊內部的身分差距：從此不論家世、身分、出身地，只要有實力，就算行省出身者亦可擔任軍隊要職。

這項改革排除了羅馬人專屬的特權，意味著將平等對待包含行省等所有地區，因此也可以說是一個「民主化」的改革。可是，在塞維魯斯強制進行改革以後，羅馬帝國也不再是「羅馬人的帝國」了。

塞維魯斯直接重用、禮遇軍人，又強化軍隊關係的結果，就是接下來「軍力」變成羅馬帝國皇帝的權力基礎，而以「權威」治國的羅馬傳統從此煙消雲散。

在塞維魯斯之後，由他的兒子卡拉卡拉（Caracalla）、卡拉卡拉的禁衛隊長馬克里努斯（Marcus Opellius Macrinus）、自稱卡拉卡拉私生子的埃拉加巴魯斯（Elagabalus）、埃拉加巴魯斯的表弟亞歷山大·塞維魯斯（Alexander Severus）相繼繼位，然則四人最後都遭到殺害。軍隊是皇帝權力的基礎所在，而皇帝的命運掌握在軍隊手裡，塞維魯斯的民主化改革促使軍隊更加不受控制，終成不可收束之勢。

元老院的衰弱

在這陣混亂當中，元老院到底做過什麼呢？什麼都做不到——說穿了就是他們怕有生命危險故而畏縮不前。最後的賢君馬可・奧理略死後，軍人不斷增強其分量，使得元老院的權威一落千丈，元老院貴族的意見也幾乎不再被採納。

西元二三五年在塞維魯斯皇帝遭到暗殺以後，羅馬再陷入極度混亂的狀態，短短五十年間就濫立了多達七十位的皇帝，進入「軍人皇帝時代」。雖說是皇帝，其實很多是各地軍隊自行擁立的「僭稱帝」。元老院承認的正式羅馬皇帝共有二十一人（另外還有元老院公開承認的高盧帝國皇帝五人），其餘三分之二的皇帝都是死於禁衛軍、近臣、麾下士兵之手。

那是一個只要皇帝得不到軍隊支持，就很容易被殺害的時代。在那個時期，即便有元老院正式承認，也僅只等同再度確認這個由軍隊擁立的皇帝，對軍隊沒有絲毫還擊之力。縱使元老院這個組織和元老院貴族的身分能夠保持不變，但相較於從前堪稱冠蓋雲集的元老院，也不過似是而非罷了。而他們向子子孫孫傳誦「祖宗遺法」的教育體系，恐怕也都在此時廢止了。

帝國分割統治與「專制君主政體」

軍人皇帝時代的最後一位皇帝戴克里先（Gaius Aurelius Valerius Diocletianus）終於帶領羅馬脫離混亂的一世紀，回復平靜。或許是戴克里先知道由單獨一位皇帝統治廣大羅馬帝國的體系已不再可行，於是為了找回羅馬的秩序與安定，他請來值得信賴的戰友馬克西米努斯（Marcus Aurelius Valerius Maximianus Herculius）擔任共治皇帝，選擇了分割統治帝國之路。

戴克里先自己統治帝國東半部，馬克西米努斯則統治西半部，東西兩方個別設置副皇帝，並整頓帝位繼承系統，當兩位正皇帝引退或死亡之時，就由副皇帝接任正皇

戴克里先與「四帝共治」

△

羅馬帝國晚期的皇帝戴克里先，於 4 世紀初期推動政治改革，
廢除帝位的世襲與獨裁權力，創設「四帝共治」（Tetrarchy）的集體領導體制。
圖為四名正副皇帝彼此擁抱的古羅馬雕像，
是「四帝共治」的具體象徵，現存於威尼斯的聖馬爾谷教堂。

帝。除此之外又施行數項改革：將帝國重新劃分為十二個管轄區，並配合區域整頓官僚制度；分離文武官員；改革稅制並進行人口調查、國土測量以利徵稅等等，亦針對通貨膨脹擬定對策。

戴克里先施行的改革之中，還有一項值得一提的就是將皇帝神格化。他為了重振軍人皇帝時代喪失的皇帝權威，宣稱自己是最高神祇朱比特之子，而共治皇帝馬克西米努斯則是海克力士[1]之子，民眾都應遵守禮拜眾神的義務。

既然「羅馬人的帝國」早已不復存在，自然也不能期待現今羅馬民眾能像以前的羅馬人那般堅守熱愛祖國的情操。是以他透過皇帝神格化，讓各種不同背景的國民萌生愛國情操，提高他們對皇帝的向心力。在此必須注意的是，這項施政對於以羅馬為「原則」建立的共和政體基礎來說，算是一個動搖根本的大改革。

確實，原本的共和政體流於空洞，元老院再也無法發揮良策決議所在地之功能，

1　朱比特（Jupiter），古羅馬神話中的眾神之王，對應古希臘神話的宙斯（Zeus）；海克力士（Heracles），宙斯之子，希臘神話最偉大的半神英雄，以力大無窮著稱。

但原則上羅馬皇帝依然是非神、也非王的「第一公民」。戴克里先卻打破這個原則，要求其他人稱呼自己為主人（Dominus），顯示他正在走向專制君主政治（dominatus）的意圖。

戴克里先歷時二十年的統治及改革看似成功，只是在他引退之後，新任正副皇帝間的對立越演越烈，羅馬又再度陷入數位皇帝爭奪霸權的內亂狀態。

歷史會一再重演嗎？

從內亂中勝出的君士坦丁（Flavius Valerius Aurelius Constantinus）[2]統一羅馬，暫時擔任唯一的皇帝，在他死後三個兒子相爭，導致帝國再度分裂為東西兩邊。在那之後，東羅馬帝國由狄奧多西（Flavius Theodosius）統一，他死後由兩個兒子分別統治東西羅馬，然後羅馬就再也沒有統一過了。

東羅馬由哥哥阿卡狄奧斯（Flavius Arcadius Augustus）繼承，而包含義大利半島的西羅馬則由弟弟霍諾里烏斯（Flavius Honorius Augustus）繼承，西羅馬帝國在狄奧多西死後不到一百年就滅亡了，而東羅馬帝國則是直到十五世紀被鄂圖曼帝國滅掉為止，總共維持了一千年的國脈，然而那裡並非羅馬都城，所以也不再是羅馬人的帝國。與其說叫「東羅馬帝國」，我認為用後世人們命名的「拜占庭帝國」（Byzantine Empire）更為合適。事實上，一般也都是將西羅馬的滅亡視為羅馬帝國的終結。

羅馬於西元前七五三年時由羅慕路斯建國，奇妙的是也由同名的羅慕路斯皇帝閉幕，一共刻下了一千二百年的歷史。羅馬歷經王政的獨裁政體，而後為了徹底排除獨裁而建立共和政體，將其維持長達五百年。就如同民主政體一般，共和政體若規模太大亦無法好好運作。因此轉變成為打著共和政體旗號的「帝政」，而帝政的基本又是羅馬人最討厭的獨裁政體，其中矛盾遂造成各式各樣的問題浮上檯面。

倘若擁立暴君，就會造成政治混亂、人民苦難。不過羅馬歷史告訴我們，如果能擁立一位強大、賢明又有政治平衡感的賢君，就能推動強力改革、使國家更加繁榮。令人惋惜的是，羅馬賢君僅維持五代共計八十五年，其後一百年皆是慘澹狀態。帝國

2　譯注：即君士坦丁一世（Constantine I），或稱君士坦丁大帝（Constantine the Great）。

在大混亂中終於等到軍人皇帝時代降臨，接著就反覆重演分割統治與再度統一。

正如第二部開頭提到丸山真男之言，羅馬歷史可謂人類經驗之集大成。當然，這其中包含值得我們學習的典範以及負面教材。倘若能以羅馬史為座標軸而綜觀世界史，相信會找到瞭解現在政治本質的重要線索。

III

向近代史學習

——獨裁會一再重演嗎？

第十章　革命與「恐怖政治」

中世紀歐洲的絕對專制王政

前面已經提過，直到前近代為止，基本上都是視獨裁政體為理所當然的時代，古希臘的民主政體、古羅馬的共和政體反而是例外。那麼，近代以來限制王權之後，獨裁者是否就銷聲匿跡了呢？當然沒這回事。因此我希望在第三部探討近代以後出現的獨裁者。

首先我們來看法國這個舞台。一七八九年革命爆發前的法國，最高掌權者是不受法律拘束的國王，是為「絕對專制王政」。

說起中世紀歐洲，一邊是羅馬天主教教會、另一邊是神聖羅馬帝國，可謂政教二種權力彼此消長、相互抗衡的世界。原本羅馬天主教廷擁有超越各國王權的統治權，惟進入近代以後，舊有的貴族階層加上工商業累積財富，形成新興的中產階級，古老貴族與新興富裕階層、古老與新生同時並存又互相對抗，在彼此不分高下的狀況下，絕對專制王權因應而生。這就是十七至十八世紀的歐洲概況。

當時的最高掌權者不必受到法律拘束，所以並非「君主立憲」。就算有法律拘束或各式各樣的規則存在，這些掌權者也可以不容分說地發揮獨裁力量，實行完全的獨裁政體。

這種狀況跟古羅馬的凱撒時代有部分相似，如第二部所見，羅馬本來有根深蒂固的共和政體傳統，這對最高掌權者來說即是一種束縛。據說凱撒並不遵照這種傳統或慣例規定，而是以自身發言作為法律。說難聽一點，他就是踐踏了羅馬傳統的共和政體，即便當時沒有撤下共和旗號，凱撒時代的羅馬也差不多等同實施獨裁政體了。

動搖絕對專制王政的「啟蒙思想」

我們先來回顧一下法國大革命之前的歷史吧！

法國波旁王朝（House of Bourbon）起自亨利四世（Henri IV），歷經多時慢慢鞏固絕對專制王政基礎，到「太陽王」路易十四（Louis XIV）時迎向高峰期。他們採用重商政策以充實國力，建造極度奢華的凡爾賽宮，帶動了歐洲的宮廷文化。然而法國因在七年戰爭加入奧地利一方、又參加美國獨立戰爭，導致財政狀況逐漸惡化。路易十六（Louis XVI）曾試圖向特權階級課稅以重整財政，結果招來強大反彈，從而發展出所謂的法國大革命。

法國大革命給人最深刻的印象，大概就是民眾不滿其奢華無度的國王，群起抗爭以爭取自由平等。不過，其實最初的發動契機是來自特權階級貴族。

貴族為了限制國王特權、提高自己的發言權，向政府要求再度召開相隔一百七十五年未開的「三級會議」。三級會議乃依身分制度組成，第一級身分為教士、第二級為貴族、第三級則為平民。各級身分都有同等的決議權，貴族們便輕率地自以

大革命前夕的三級會議場景

△

此為 1789 年 5 月在巴黎近郊凡爾賽宮召開的三級會議的場景圖，
該會議的參與者，包括教士、貴族、平民等各階級成員總數將近 1200 人。
雖然法國歷經了十七世紀路易十四的「絕對君權」的統治時期，
仍然保留了集體決議的議會形式。

為「只要和教士們結盟，應該就能輕易通過各種提案了」。

其中第三級身分佔了國民的九成，該級代表之中產階級即反對每種身分各佔一票的決議方式，接著第三級身分自行發起「國民會議」，使得整體事態朝著意想不到的方向前進。而造成如此動向的強大背後力量，正是在法國快速流傳的「啟蒙思想」。啟蒙思想批判基督教世界觀與封建社會之存在，訴求人民的自由平等，開始大幅改變了民眾的觀念。

在「朕即國家」的路易十四時代，所有事務都取決於國王心意，但是接下來到了路易十五、十六的時代，「自己的事情自己決定」、「希望國王至少可以參考民眾的意思或希望來做決定」等等想法，已然一點一滴滲入民眾之間。

也就是說，法國民眾的目標並非打倒王政，他們在這個時間點討論的是「王政應該如何」，追求的是王政之改革。

從法國大革命前頻繁發生的糧食暴動就能明顯看出這個事實，相傳當時發生了全球規模的氣候變遷，民眾受飢餓所苦（日本此時正好也發生了天明大飢荒）[1]而搶劫糧食，不過若是詳細閱讀史料，可發現實際狀況是他們把搶奪來的食物用低價配給出去。

當然，其中有些人只是單純來搶劫糧食倉庫的，然則糧食暴動的重點在於導正「原本糧食應該賣這個價格，卻有人哄抬價格又大肆囤貨」之現況。亦即人民開始認為，國王應將穀物為首，將糧食控制在合理價格，這類暴動或許可說是一種「人民道德」的表現。

革命爆發！

法國民眾所求改革並非欲速則不達的民主化，而是要從絕對專制王政改為君主立憲。國王的王權乃建立在全體民意的認同之上，故而應該遵循法律、落實民意來施行政治。

第三級身分的人們無法接受貴族的做法，便自行組成國民會議，然會議卻遭到路易十六以武力施壓。與其說武力施壓是路易十六本人的意思，不如說是那些想要提高自身發言權的貴族所策動。貴族讓國王召開三級會議的理由是想要取消課稅，他們可不想讓國民會議獲得權力。

因此巴黎民眾攻擊象徵絕對專制王政的巴士底監獄（Bastille），表達對抗之意，在那之後國王做了讓步，公告了相當於君主立憲政體基礎的憲法（一七九一憲法）。

在憲法即將公告之前，法國國王一家企圖逃亡到王后瑪麗・安托內特（Marie Antoinette）的奧地利娘家，這場稱作「瓦雷納逃亡事件」（Flight to Varennes）的逃跑戲碼以失敗告終，不僅國王權威掃地，同時也點燃了革命炸彈的導火線。

我想路易十六基本上應該是個善良的人，他曾經錄用優秀人才，並嘗試改革體制，還翻譯英國歷史學家吉朋（Edward Gibbon）的《羅馬帝國衰亡史》（*The History of the Decline and Fall of the Roman Empire*）、閱讀法國啟蒙思想家編纂的《百科全書》（*Encyclopédie*）[2]等，有著讀書人的一面。可是不管再怎麼偏袒路易十六，不可否認

---

1 譯注：「天明大飢荒」約發生於日本江戶時代一七八二至一七八八年間，是日本史上最嚴重的全國性飢荒之一。

2 譯注：全名《百科全書，或科學、藝術和工藝詳解詞典》，法文原書名 *Encyclopédie, ou dictionnaire raisonné des sciences, des arts et des métiers*。

路易十六的逃亡

△

英國畫家托馬斯·法爾肯·馬歇爾（Thomas Falcon Marshall）發表於 1854 年的作品，
描繪了路易十六及皇室成員，於 1791 年 6 月 20 日從巴黎逃亡，
但在法國的邊境城市瓦雷納遭到逮捕的場景。

他就是個懦弱的好好先生，優柔寡斷是他個性上的致命傷。

君主立憲政體改革已是勢在必行——路易十六自己應該瞭解這一點，只是他接受事實的決心終究在最後關頭動搖了。

歐洲諸國的王侯婚姻關係相當複雜，如果國王一家能逃到某個有親屬淵源的國家，從那邊獲得援軍，或許就能返回法國並鎮壓革命。就算無法全然實現，至少還能確保自己的安全。他這種想法是否太過天真了呢？

事實上，英國的詹姆士二世（James II）亦曾於光榮革命（Glorious Revolution）時拜託過路易十四，助其逃亡前往法國（一六八八年十二月），意圖獲得法國支援後東山再起（最後敗給英軍，客死異鄉）。

如果國王沒有逃亡

經過一番仔細喬裝打扮、想要欺瞞國民耳目逃亡國外的國王一家，一下就被抓回巴黎，囚禁在杜樂麗宮（Tuileries Palace）。

此事件致使法國內政問題發展成為國際問題。瑪麗・安托內特的兩位哥哥奧地利大公利奧波德二世（Leopold II）、腓特烈・威廉一世（Friedrich Wilhelm I）共同發表《皮爾尼茨宣言》（Declaration of Pillnitz），表明革命者若加害路易十六，他們便會進軍法國干涉革命。

該宣言的真實用意並非守護法國國王一家，而是其他國家將法國掀起的大革命視為王政危機，他們只想在革命之火燒到自己國家前先以武力鎮壓。

倘若那時候沒有發生路易十六逃亡事件，想必接下來的法國歷史將會大大不同。若以日本幕末的德川慶喜[3]相比，相信會更容易理解：當時舊幕府軍在鳥羽伏見之戰落敗後，身在大阪城的慶喜就自己悄悄搭船逃回江戶。此舉使得將軍威望一落千丈，但也有一些研究者認為「慶喜做了正確的判斷」。

倘若那時候慶喜留在大阪城指揮前線，很可能會發展成具有相當規模的戰爭，讓垂涎日本的其他各國有機可乘。為了避免外國侵略，慶喜只有臨陣脫逃，而後在江戶寬永寺向包圍此處的新政府軍表達恭順之意。

即使在江戶無血開城投降以後，依然有上野戰爭、會津等東北戰爭[4]，不過跟法國大革命相比，明治維新算是非常平順了。反觀法國，除了惹怒民眾的路易十六枉死於斷頭台，還造成保王派、革命派的對立越演越烈，釀成慘烈的肅清行動。

明治政府應該也知道，假如慶喜的處理方式有所不同，後續就不會如此發展了。所以新政府讓慶喜歸隱，沒有治什麼大罪，後來又冊封公爵，允許他以貴族院議員之身回歸政界。最後，明治日本終能平順地改制為君主立憲，以德川家為首的各地諸侯大名，除了少數幾個例外，幾乎都沒有什麼損傷。

回顧歷史，可看到每在大動盪之後必然引發鐘擺激盪。儘管鐘擺會慢慢停息，最後止於「中庸」，可是過程卻充斥諸多鎮壓、處刑的慘烈事件。而法國大革命在大震盪之後，鐘擺便是從共和政體導向帝政、再搖擺回到共和政體。

我越想越覺得，如果路易十六多一份果斷、能夠順利改制君主立憲，想必歷史就

3 譯注：德川慶喜為日本江戶幕府的末代將軍，在一八六八年鳥羽伏見之戰之後逃回江戶，同年開城向維新政府軍投降，江戶幕府時代隨之結束。

4 譯注：前述鳥羽伏見、上野、會津等戰爭皆為「戊辰戰爭」（一八六八—一八六九）之一環，為明治新政府軍與舊幕府軍對抗之內戰，最後由新政府勝利，撤除幕府勢力，走向明治時代。

會改變了吧。雖然「如果」一詞對歷史來說是個禁忌，但如果沒有瓦雷納逃亡事件，法國大革命就不會陷入以血洗血的慘烈狀態，說不定拿破崙（Napoleon）也沒有機會登場了。

雅各賓派的獨裁恐怖政治

然而，現實狀況是國王逃亡未遂加上外國發表干涉宣言，致使法國大革命越來越擴大、也掀起更激烈的浪濤。

在當時法國議會中有兩派互相對立：希望溫和改制為「君主立憲政體」的斐揚派（Feuillants）、以及主張廢除王政轉為「共和政體」的吉倫特派（Girondins）。斐揚派由於一七九二年四月法國向奧地利宣戰，藉以推拒國外反革命之施壓行動，持續陷入苦戰當中。

當法國陷於危難之時，人們也越來越疑心生暗鬼，懷疑國王通敵賣國、洩漏情資，如此一來，對「革命公敵」的攻擊也就更加尖銳了。

為抵抗奧地利等外國干涉勢力，革命派向全國招募義勇軍。此時吉倫特派固然已獲得中產階級支持，不過更加激進的雅各賓派（Jacobins）集結義勇軍「sans-culotte」作為武力後盾，掌控了更多權力。

「sans-culotte」的意思為「不穿短褲者」，也就是一群反對貴族常穿的短褲（culotte）、以穿長褲自豪的人。在雅各賓派帶頭之下，「不穿短褲者」群起暴動，攻擊路易十六居住的杜樂麗宮，甚至囚禁國王一家（八月十日事件）。

該事件的結果就是王權的終結。吉倫特派與雅各賓派再度為前國王（路易十六）的審判針鋒相對，在發現路易十六串通外國之證據後，於一七九三年一月將他處死（同年十月處死王后瑪麗・安托內特）。路易十六的死刑給周遭鄰國帶來很大的衝擊。

此外，法國義勇軍也將在奧地利戰爭中獲勝，首先是一七九二年九月他們在法國東北部的小村莊瓦爾密（Valmy）大敗奧地利、普魯士聯軍；同年十一月又於比利時境內的熱馬普（Jemappes）打敗奧地利軍隊。於是鄰近各國組成「第一次反法同盟」（一七九三年三月），使得法國四面受敵。

在這個狀況下，一七九三年五月雅各賓派利用「不穿短褲者」之武力，將吉倫特派

大革命時期的「不穿短褲者」

△

法國畫家路易・利　波德・博伊（Louis-Léopold Boilly）發表於 1792 年的作品，
描繪了法國大革命時期，「不穿短褲者」充滿革命激情的理想形象。

特自議會驅逐，這麼一來就達成了雅各賓派的「獨裁」。雅各賓派核心人物羅伯斯比爾掌握了鎮壓革命公敵的公共安全委員會，從保王派至吉倫特派，只要誰阻礙他們就會被處死。到後來，不管是批判革命的勢力、表達保守立場的人、甚至是自家派系對羅伯斯比爾有意見的成員，都被貼上「反革命」的標籤，然後一個個遭到肅清。

更有甚者，雅各賓派全面鎮壓傳統為法國權力構造一環的基督教會，於一七九三年十一月起禁止彌撒、關閉多處教會。更否定基督教的神，舉行崇拜理性的「理性祭典」或「至上崇拜祭典」[5]。

為了守護民眾生活，羅伯斯比爾頒布統一控管物價的法令、實施土地改革、並宣告實施國家總動員的徵兵制度以對抗外敵，顯示法國在雅各賓派手握主導大權之時，已非共和政體，而是一黨獨裁的恐怖政治。

相傳法國全國有高達數萬人在這場恐怖政治中犧牲。

到最後，雅各賓派過度的鎮壓終於招來激烈反彈，羅伯斯比爾亦於一七九四年七

5 譯注：至上崇拜（Cult of the Supreme Being），為羅伯斯比爾建立的自然神論，意在取代傳統教會信仰。

月二七日死在斷頭台之上（熱月政變，The Thermidorian Reaction）

凱撒兼容敵對勢力，羅伯斯比爾一律肅清

為什麼革命人士羅伯斯比爾會變成恐怖的獨裁者呢？相信很多人都有這個疑問。說不定羅伯斯比爾正是以羅馬時代的凱撒為榜樣：凱撒表面上打著共和旗號，實際上則企圖以獨裁形式經營國家。獨裁原因在於帝國太大，共和政體系統已然無法順利運作。

每當要進行革新、改革的時候，「這樣還不夠徹底」的激進觀點總是很有說服力，而那些激進勢力也多能掌握權力，成為改革運動之中心。或者是說，每當原來的保守方法無法解決事情，人們就會想用更極端的方法來打破障壁，這些情形在歷史上不斷重演，從未中斷。

然而，凱撒並不會輕易處死反對派，不管是反對勢力、還是威脅他立場的政敵，只要表現出恭順的姿態，凱撒就會一再地接受他們。

反觀羅伯斯比爾，他高喊「理想」，讓對立及分裂越來越嚴重，又劃清敵我界線，凡是不合他意的人都貼上「反革命」標籤，僅憑這一點就把他們一一處決。相較於對待敵人也能「Clementia」（羅馬美德之一，意為慈愛、寬容）的凱撒，羅伯斯比爾卻認為「不讓人畏懼的道德，是為軟弱無力」，我認為這就是他們二人的決定性差異。

從雅各賓派採用執政官等共和時代羅馬官職這一點看來，可知他們欲以凱撒時代的羅馬作為革命模範。而雅各賓派製作革命曆（共和曆），應該也是因為凱撒曾下令制定儒略曆的緣故吧！

羅伯斯比爾相當受到民眾歡迎，卻也樹立諸多政敵，這點倒是跟凱撒很相似。當政治立足點在於民眾支持，或是要實現民主政體理念之時，原則上就是要滿足大家的意見，但這件事非常困難，所以為了解決混亂局面，某些時期因而產生類似獨裁的政體也是在所難免。

越是遇到難以收拾的情況，擁有強大力量或資金的人物就越能強硬堅持己見——這不止適用於國家，也適用於各種社會或集團。不過想當然爾，強烈的反彈和反抗也會隨之而來。

凱撒掌握實權約五年左右即被暗殺，羅伯斯比爾也在獨裁權力到手二年後就踏上了斷頭台。羅伯斯比爾不可能不知道獨裁者凱撒的末路，那他為何不停止肅清行動呢？還是他不想重演凱撒「布魯圖，還有你嗎」的錯誤，與其坐以待斃，不如先下手為強？

為何獨裁難以排除？

羅伯斯比爾過度肅清政敵，最後自己也慘遭肅清。接下來，害怕獨裁者再現的法國便改行集團領導制度，選出五位督政官分散權力。這個體系令人想起共和政體下的羅馬，其最高掌權者執政官通常也是設置二人。

該體系並未維持多久，法國就又接受新獨裁者的出現了——亦即以革命派軍人身分嶄露頭角的拿破崙．波拿巴（Napoléon Bonaparte），他發動霧月十八日政變（Coup of 18 Brumaire），打倒了督政府，建立由自身擔任唯一領袖的執政府。

歷經十年發展，以脫離絕對專制王政為目標的法國大革命，竟在拿破崙登場後劃下句點。法國明明如此盡力排除絕對專制王政獨裁與恐怖政治獨裁，為何還是擁戴拿破崙成為皇帝呢？

我想，這是因為法國國民渴求一位能夠安定社會秩序的強力領袖。

假如能由多位領袖共同商議、實現自由平等理念、用民主方式來經營國家，固然是美事一樁，然則就如羅馬時代三頭政治的實際例證顯示，當中一定會產生意見或利害關係之分歧，然後就會出現手握大權、只想照自身意見走的獨善之人，導致政治陷入混亂狀態。一旦形成多頭馬車各方意見牴觸的狀態，就需要一位強而有力的領袖來打破混亂政局——這個模式已經不知道在歷史中重演過多少次了。

請大家回憶一下古希臘雅典的狀況：擔任國政核心人物的貴族們彼此激烈鬥爭，甚至無法選出執政官擔任政治領袖執政官（archon）之時，就會出現強大的領導者「僭主」。僭主無非是強制掌握政權的獨裁者，而支持僭主的正是貴族在派系鬥爭中的私心、或是一些不滿貴族政體由少數人統治的平民。

獨裁者拿破崙是一位溫和路線的立憲君主

法國大革命前的政體為絕對專制王政、接著是革命政府雅各賓派的恐怖政治、以及拿破崙的帝政。雖說法國在十八世紀經歷了三種獨裁，其實際內容倒是大不相同。

如前所述，絕對專制王政是「不受法律拘束的獨裁政體」，而前近代的獨裁幾乎都是這種形式。其中路易十四可說是不受法律拘束的獨裁者典型，他在位時所有事務均取決於國王心意，國王是超越法律的絕對存在。

羅伯斯比爾、拿破崙與絕對專制王政最高掌權者的決定性差異，在於他們二位身負啟蒙思想及法國大革命理念。若想要施行獨裁，就需要一個把獨裁合理化的名目。於是羅伯斯比爾為了實現自己理想的政治，將擋路的人們都貼上「反革命」標籤，藉此將肅清行動合理化。

拿破崙未曾重蹈雅各賓派的覆轍，他選擇了較為溫和穩健的手段。一七九九年他建立執政府，於三年後就任終身第一執政。他還花了兩年實行國民投票，才透過選舉登上皇帝寶座。換句話說，他踩著君主立憲政體的步驟成為最高掌權者，以便將自己

皇帝拿破崙的離婚

△

法國畫家亨利・佛雷德利・蕭邦（Henri Frédéric Schopin）發表於 1843 年的作品，描繪了 1809 年法國皇帝拿破崙與其皇后約瑟芬的離婚場景。拿破崙雖貴為獨裁者，但其離婚的法律程序，也必須依循自己所頒布的《民法》法典。

的地位合理化。

另一方面，當上皇帝的拿破崙北往俄國、南至西班牙，把整個歐洲土地都捲入戰爭，擴張了法國的統治霸權。當時拿破崙還打著「推廣法國大革命理念及人權思想」的口號（名目），將他的侵略戰爭合理化。

這個口號對拿破崙而言，不正是個展現大義的名號嗎？我認為他自許為革命思想的實踐者，且心懷向外國推廣革命的理想。在我看來，拿破崙相信比起只做一個絕對專制的君王統治國家，還不如擴大法國統治範圍，才能推廣革命理念、從絕對專制王政底下解放各國人民。

然而，從「革命」衍生的死者實在不可勝數。前面提過在羅伯斯比爾的恐怖政治下已有數萬人遭到肅清，從法國大革命期間因肅清死亡的人、到拿破崙戰爭的戰死者等，據說加起來共有超過二百萬的法國人犧牲。當時法國人口大約二千七百萬左右，死亡人數可謂極大。

有些觀點認為可將拿破崙發起的侵略戰爭視為一種「革命輸出」，不過一般認為他留給後世更重要的是「民族國家」觀念。

在拿破崙率領法國國民軍隊侵略他國之前，其實許多歐洲人並沒有什麼自己是德國人、英國人、還是俄國人的意識。可是當這些國民被沒有語言、歷史傳統等共同文化認同的法國人統治，就會萌生「我們不是法國人」、「我們不能接受被法國人統治」的反抗之心，順帶加強同為一國人民的團結感、自己的國家自己經營等觀念。

德國就是一個典型的例子：德國原本分成許多領邦國家，以拿破崙戰爭為契機，被統一的德國人也強化了想要建立民族國家的意向，後來由普魯士帶領完成這番大業。而就此誕生的即是由普魯士國王威廉一世（Wilhelm I）所統領的德意志帝國。

在下一章，我們將著眼於德意志帝國的政體、以及宰相俾斯麥（Bismarck）的政治手腕。

第十一章　「優良獨裁」的光與影

鐵血宰相當真「鐵血」？

拿破崙戰爭促使歐洲各地萌生民族主義（nationalism），民族國家也在十九世紀這陣「國民」觀念擴張的背景下逐步成形。其中德國的腳步稍稍落後了一些，原因在於包括現今奧地利的廣大德語圈範圍中有太多領邦國家，對於做到什麼程度才能算「統一德意志」，一直有所爭議。

義大利在一八六一年時，即以薩丁尼亞王國（Sardinia）為中心完成統一，薩丁尼亞國王維克多・艾曼紐二世（Victor Emmanuel II）成為統一國家之君王。而以柏林為首都的普魯士王國，是隔年才由國王威廉一世（Wilhelm I）提拔奧托．馮．俾斯麥（Otto von Bismarck）為首相。

俾斯麥的使命乃是主導德意志統一，並在統一國家中建構以普魯士為主軸的體制。在義大利統一十年之後，俾斯麥終於讓威廉一世當上首任皇帝，德意志帝國就此誕生，他自己則擔任首相發揮其政治手腕。

過去俾斯麥給人最深刻的印象就是「鐵血宰相」。他曾在演講中提出如要成就德國統一大業，唯有「鐵與血」，亦即武器與士兵，且強力推動普魯士實行軍國主義。再者，他在內政方面也採取極為強硬的態度，徹底壓制社會主義與共產主義。二次大戰後的數十年間，日本受到社會主義很大的影響，以致有特別強調俾斯麥這些壓制政策的傾向。

然則在最近的歷史學當中，俾斯麥固然有著強硬的一面，不過他異常優秀的「洞察先機」能力亦為人所讚賞。一般認為他是一位能洞察先機，然後判斷如何發揮獨裁權力的優秀人物。

俾斯麥是如何完成德意志統一大業的呢？要建立一個能與英國、法國等強國抗衡

尋求德國統一的法蘭克福會議

△

1848 年，來自德意志地區各地的 831 名議員在法蘭克福召開「國民會議」，
尋求德國統一，但最終未獲得普魯士國王腓特烈．威廉四世支持而失敗。
直到 1871 年，德國才在俾斯麥策畫下完成統一。此圖為記錄 1848 年法蘭克福會議場景的版畫。

的民族國家，就至少需要有某種程度的規模大小。話雖如此，一味胡亂追求國家規模，恐怕會釀成主導權鬥爭，以至半途崩解。

俾斯麥為了掌握統一德意志的主導權，遂與同樣想要站在主導立場的奧地利交戰，而且大獲全勝，將奧地利排除在德意志統一範圍之外（普奧戰爭，一八六六年）。他還進一步與妨礙南德意志各國統一的法國交戰，面對拿破崙之姪拿破崙三世所率領的法軍，普魯士再度大獲全勝（普法戰爭，一八七〇至七一年）。至此普魯士奠定了在德意志諸國中的主導帝位，德意志帝國也隨之誕生。

值得注意的是，每一場戰爭都是俾斯麥巧妙地挑釁對手，由對手發起宣戰。就普魯士的角度來看，這些戰爭將帶入成為守護本國的防衛戰，無疑可增強統一的風向以及普魯士的向心力。

俾斯麥的巧妙手腕

俾斯麥建立統一德意志帝國的悲壯宏願，終於在普法戰爭打敗法國後的一八七一年實現。普魯士國王世襲德意志皇帝之位，而普魯士的首相——亦即俾斯麥，兼任這個「君主立憲國家」的帝國首相。

德意志帝國雖是採用議會政體形式，但皇帝與輔佐他的首相握有壓倒性的強大的權限，可說實質上為獨裁政體。其由首相擔任相當於上議院的聯邦參議院議長，普魯士的議員數佔絕大多數；相當於下議院的帝國議會即便是由普通選舉選出，卻只能審議法律，沒有實質的決定權。

德意志帝國作為一個相對落後的民族國家，要想存活於世，首先就得保障國家安全，尤其普魯士才剛在普法戰爭打敗法國，無論如何都要阻止法國的報復。

然而，此時俾斯麥所選的戰略不是羅馬那種先發制人的防衛手段，而是運用外交先行解決法國以外的問題。

首先，俾斯麥為了孤立法國，於一七八三年與俄國、奧匈帝國締結三帝同盟；更於一八八二年再與義大利、奧匈帝國結成三國同盟；同時也和義大利建立良好關係。他在歐洲廣布外交網絡，讓法國沒辦法跟別國組成同盟，且不讓同盟國之中有成員過於強大，對策可謂相當周全。

而在國內，俾斯麥除了打擊有礙帝國運作的天主教勢力，此外他還預見了在工業化帶來的經濟發展下，社會主義運動高漲且企圖解放勞動者的狀況，便制訂社會主義者鎮壓法來加強限制。

光就上述這些事情，似乎可以看到俾斯麥是一位冷靜透徹的獨裁者。不過他一方面鎮壓反體制的社會主義運動，另一方面也實施了世界史上第一個社會福利政策。他並非把疾病保險、養老保險等社會福利當作一種「主義」，而是直接納為「政策」，某種程度上也可說是一種溫和的社會主義。

深諳中庸之道、具備真知灼見的「獨裁者」

我曾在第四章的最後為大家介紹「應謹守中庸之道」的古希臘格言，一般認為俾斯麥也是具備這種才能的人物。

儘管俾斯麥有他強硬的一面，卻相當關注國內外各種情勢與利害的對立關係，並竭盡心力於其中取得平衡。說來說去，無論內政或外交，俾斯麥一貫的目標都是「維持現況」。縱使他們在普法戰爭大勝法軍，也沒有奪走全部領土，而是進行議和。從俾斯麥只要守住國境不被侵略即可、一邊鎮壓社會主義者一邊又整頓社會福利政策，均可說是來自其中庸的想法。

在一八七七年至翌年的俄土戰爭（俄國與鄂圖曼土耳其帝國之戰），俄國勝利後擴張了他們在巴爾幹半島的權益，使得歐洲列強之間越趨緊張。此時俾斯麥以「公正的調解人」身分親自出面調停，在一八七八年召開了柏林會議。

相傳當時俾斯麥曾經這麼問過英國首相迪斯雷利（Benjamin Disraeli）：「在您的國家，還是同樣流行賽馬嗎？」

由於迪斯雷利本身是賽馬的馬主，所以回答：「我國依然流行賽馬，大家都會共襄盛舉。」俾斯麥接著說：「是嗎？那就好。」迪斯雷利反問：「哪裡好呢？」，然後俾斯麥這麼回覆：「在流行賽馬的國家，社會主義不會蔓延。」

從俾斯麥這段充滿幽默感的談話，就能看出他了不起的才華。

三十多歲的青年俾斯麥總是能輕輕鬆鬆閱讀文章、打扮得像個硬漢，從不畏懼，而且能夠非常平穩地騎馬狩獵、精準地處理獵物，酒量又相當好，能把其他人都灌醉。就我們目前所看到的內容，他無疑帶有一部分的硬漢性格，但另一方面又是個細膩到能看透各色事物的人。

俾斯麥的肖像畫看起來很是強悍，面容令人生畏，儘管他手上握有極大權力，仍不失是一位深諳中庸之道、具備真知灼見的「獨裁者」，我認為在這一點上可以再給他更高的評價。

「暴躁之王」威廉二世與他的失控時代

然而，獨裁政體既有「光明」的一面，卻也很容易翻轉成「黑暗」。

俾斯麥發現，民族國家完成統一之後，進一步籌備軍事力量、擴大霸權這件事是很危險的。可是在威廉一世死後，他的孫子——以二十九歲之齡繼任皇位的威廉二世，竟開啟了與俾斯麥完全對立的「世界政策」（Weltpolitik）。

威廉二世即位二年後即辭退俾斯麥，他燃起增強海軍、奪取殖民地的野心，結果造成與殖民地開拓先驅的英、法二國敵對，同時又以巴爾幹問題與俄國強烈對立。威

老船長下船

△

此為 1890 年英國《膨奇》雜誌刊載的諷刺漫畫，

描繪德意志帝國的「老船長」俾斯麥，在年輕的威廉二世目送下離開輪船。

廉二世這個世界政策在不久後便招來了第一次世界大戰。

威廉二世自幼就是個暴躁、好勝的人，連母親維多利亞皇后都嫌棄他是個「高傲的自我中心者」。俾斯麥深知威廉二世的性格既暴躁又專斷獨行、更異常沉溺於他人的阿諛奉承，對他繼承皇位可能危及國家之事感到擔憂。

當俾斯麥這位從普魯士時代起任職三十年的首相要離開政壇時，他曾留下一段話：「如果歐洲再發生一場戰爭，那一定是因為巴爾幹諸國幹的蠢事。」可說預見了第一次世界大戰的情景。確實，大戰起源正是發生在塞拉耶佛（Sarajevo），由塞爾維亞人發動的奧匈帝國皇儲暗殺事件。

我們稱這場一九一四年起持續四年的戰爭為「第一次世界大戰」，開戰當初，任誰也沒想到戰況將會如此熾烈。同盟國奧匈帝國對塞爾維亞宣戰之時，德國也對塞爾維亞背後的俄國宣戰。威廉二世對俄國懷有強烈的對抗心態，他彷彿是要展現德國潛藏實力般地深入戰爭，導致與英國、法國、甚至美國為敵，為此疲於奔命。

威廉二世懷抱強權國家思想、擴張霸權的野心，他暴躁又好戰的天性確實是個災難，然不容忽略的是，國民也支持且同意他的世界政策。法國歷史人口學家艾曼紐・

陶德（Emmanuel Todd）於著作《「德意志帝國」毀滅世界》（日文原名為：《「ドイツ帝国」が世界を破滅させる》，文春新書出版）指出，走過統治、被統治歷史的德國人如何渴望強權國家、以及他們對自身民族優越性的信奉。

即便此觀點出自屢遭德國毒手的法國人之口，但陶德本人絕對不是討厭德國人才這麼說的，而是他對「德意志」的冷靜觀察。他也提出警告：盎格魯撒克遜（Anglo-Saxon）的人們總是對俄國懷有強烈警戒心，卻看輕了德國的威脅。

俾斯麥、威廉二世這兩位獨裁者宛如德意志帝國的光明與黑暗，無論政策或性格，他們兩人就像正片、負片一般互為對照。縱使俾斯麥已然察覺威廉二世的危險性，可能讓德國捲入非預期的戰爭，可在民眾眼中，他們只看到一個堅強可靠的皇帝。

受到國民熱情支持而失控的威廉二世，在一戰戰況惡化、即將敗北之際便逃往荷蘭。隨後德意志帝國投降，等於建國不到半世紀就宣告滅亡。德國人對強權國家的渴望也隨著第一次世界大戰的大敗消失無蹤，直到希特勒時代才又再度興起。而這些狀況有二就有三、有三就有四地不斷重演——正是歷史給我們的教訓。

實施共和政體能防止世界大戰嗎？

最近有研究提到第一次世界大戰中那些奉德國為頭領的國家，簡直就像夢遊症患者，根本不知道自己在做什麼。確實，至今我們仍無法瞭解為何會發展成那樣的全面戰爭，想來亡命荷蘭的威廉二世也搞不懂自己的決定究竟哪裡有誤。

威廉二世乃是一個真正的獨裁者。所謂「真正」，是因為他不懂得斟酌自己的決斷與言行，又欠缺反省檢討的能力，而俾斯麥也早就看出了這一點。

如果德國能承襲俾斯麥的路線，或許就不會發動無謂的大戰二度摧毀歐洲。或者可以說，如果一八一七年德國完成統一之時選擇的是共和政體，二十世紀的世界史就會完全不同了。

共和政體有內建某種程度的「檢視」功能，我曾與歷史造詣深厚的直木獎作家中村彰彥先生對談，我們比較了古羅馬與江戶時代的日本，討論到兩者都具備優良的雙重「檢視」功能，這是讓體制能長久維持的重要因素之一。讓我能重新體認到比較分析古羅馬、江戶的重要觀點就算在民主社會，也可能會發生一頭熱跑去參戰的狀況，要是以為貫徹民主就能完全避免戰爭，那可就想錯了。不過共和政體結合了獨裁、民主、貴族三種政體的要素，三足鼎立之勢可以彼此檢視是否失控，並且達到互相牽制的作用，這其中蘊含著能夠避免「暴政、苛政」的智慧。

原本德意志帝國是表面實施君主立憲的獨裁政體，威廉二世在辭退俾斯麥後「親政」，強化了皇帝行使政治的權力。不論議會或者後來接任的歷任首相，都沒有能力遏止皇帝獨裁，其中甚至還有首相自稱只是「陛下的棋子」。

當然，即使實施共和政體，也還是有出現獨裁領導者的可能性。事實上，十九世紀的法國就反覆經歷共和及帝政，二十世紀的克里蒙梭（Georges Benjamin Clemenceau）、戴高樂（Charles André Joseph Marie de Gaulle）也施行過鐵腕政治。可是他們都並未脫離「共和政體」的框架範圍，在共和政體的框架限制之下，就算出現了獨裁者，至少在檢視功能方面也還是有一定的作用。

第十二章　為何俄國能長期維持獨裁？

擁有漫長獨裁歷史的俄國

在歐洲走入近代以後，俄國乃是維持獨裁最長久的國家。十六世紀以降至第一次世界大戰期間，俄國由沙皇（Tsar）進行帝政統治。在沙皇制度遭到革命推翻之後，布爾什維克黨（Bolsheviks）的領袖列寧（Vladimir Lenin）確立了「無產階級專政」（dictatorship of the proletariat）。

接下來繼任的史達林（Joseph Vissarionovich Stalin）逐步肅清政敵，實際掌握長達三十年的獨裁大權。史達林之後登台的赫魯雪夫（Nikita Sergeyevich Khrushchev）、布里茲涅夫（Leonid Ilyich Brezhnev）亦承襲社會主義獨裁路線，而現任總統普丁（Vladimir Vladimirovich Putin）也是——為什麼俄國能夠維持這麼長久的獨裁呢？

普魯士出身的思想家卡爾．馬克思（Karl Marx）認為，當資本主義高度發展，最終階段就會出現社會主義與共產主義社會，而且他假設英國、法國遲早會出現共產主義社會。

不過實際狀況並非如此。在東歐以外的各國都是資本主義政權透過採用社會主義傾向的政策，藉以撫平勞動階級的反彈，馬克思所認為的社會主義未能在那裡扎根，而英國正是其中一個典型案例。或者就像我們在前一章看到的，德國的俾斯麥一邊壓制社會主義者，一邊又迅速地採用社會福利政策，以利國家安定。

與馬克思的預測相反，讓社會主義開花的反而是歐洲裡面較為落後的俄國。領土廣大、但經濟、文化皆大幅落後英、法的大國俄羅斯，在十九世紀中葉實行了農奴解放。其背後成因無疑是在資本主義尚未成熟的階段中，富裕階層與下級階層有相互對立的問題。

俄國農奴的解放

△

俄國畫家格里戈里・米亞索耶多夫（Grigoriy Myasoyedov）發表於 1873 年的作品，
描繪了一群不識字的俄國農奴，
在燈光下聆聽由一名識字的小孩閱讀《1861 年農奴解放宣言》的內容。

然而，如果去看托爾斯泰（Lev Nikolayevich Tolstoy）等人的例子，就會發現也有一些地主階層人士推己及人去關懷貧困階層。此外，像是知名的民粹派運動（Narodniks）進入農村推廣革命思想，也有一部分文化人士和知識分子走入群眾進行活動。這些行動在廣義上都可說是源自社會主義的想法。

俄國解放農奴以後即開始發展資本主義，可是農村生活狀況依舊困苦，加上一九〇四年開戰的日俄戰爭接連敗北，遂引起諸多不滿，以至一九〇五年發生了第一次革命（1905 Russian Revolution）[1]行動。這場革命在要求改善農民、勞動者們生活條件的同時，亦主張開設議會、終止戰爭等。革命動機除了救濟貧困階層之外，似乎也包含對抗西歐各國的排外氛圍。

第一次革命的結果，就是當時的俄國皇帝沙皇尼古拉二世（Nicholas II）同意召開杜馬（Duma）國會，並於一九〇六年正式首次召開，只是政治結構上仍由沙皇手握大權，沒有什麼大變動。

列寧的強烈情感

一九一四年開始的第一次世界大戰比預想中的要長，俄國在各地戰場屢屢失利，導致國家急速走向窮困，革命氛圍也再度高漲。

此時列寧寫下《帝國主義論》（*Imperialism, the Highest Stage of Capitalism*）[2]一書，將達到「獨佔資本主義階段」的資本主義定義為「帝國主義」，發展到此階段的國家即為「帝國主義國家」，為了瓜分世界上的權益，必然會引發「帝國主義戰爭」。然後又批判基於愛國情操去協助戰爭的社會主義者，主張應該趁著帝國主義戰爭敗北的混亂情勢去掀起革命。

早先由於列寧的哥哥在革命運動中被殺害，或許他主張「以反政府運動打倒沙皇

1　譯注：第一次革命的起因為「血腥星期天」事件，一九〇五年一月俄國工人聚集聖彼得堡冬宮廣場向沙皇請願改革社會及政治制度，卻遭到軍隊血腥鎮壓，造成一千多人死亡，人民對皇權失望已極，促成了後續更多的革命反抗行動。

2　譯注：該書全名直譯為「帝國主義：資本主義的最高階段」，簡稱「帝國主義論」。

列寧在紅色基洛夫工廠發表演說

△

俄國畫家伊薩克・布羅茨基（Isaak Brodsky）發表於 1929 年的作品，
描繪了 1919 年 5 月，列寧在「紅色基洛夫工廠」（Red Putilovite Plant）發表演說的場景。
此工廠位於聖彼得堡，是俄國革命的起源地之一。

獨裁」並不是理論上的問題，其中還有很大的情感成分。

一切正如列寧的計畫，俄國不堪第一次世界大戰帶來的困頓，致使革命運動越來越興盛。一九一七年二月，民眾群起發動的示威、罷工、兵變擴散至全國[3]，而後沙皇尼古拉二世於三月二日退位（以上根據儒略曆計日），接著在杜馬國會中以立憲民主黨為中心，成立了臨時政府。

當時流亡瑞士的列寧，一接到帝政滅亡的消息就立刻歸國，不知此刻他是否已經懷有自己奪取政權、實施獨裁政體的明確念頭，不過他認為立憲民主黨帶頭的臨時政府政策不怎麼樣、實在無法接受，於是以不惜實施獨裁的強硬姿態與臨時政府對峙。

其實列寧曾在流亡地點瑞士與敵國德國進行協商，以求能夠通過其境內。就德國的角度來看，將革命人士送回敵國俄國可謂使敵衰弱之舉，所以列寧當然會被人批判是「德國間諜」。臨時政府便追究這一點，迫使列寧不得不暫時逃往芬蘭。

3　譯注：即「二月革命」，實際發生時間為西元一九一七年三月八日，由工人於聖彼得堡（彼得格勒）發起大規模罷工及示威，加上部分軍隊從鎮壓改為加入民眾陣營，最後沙皇被迫於三月十五日宣布退位，俄羅斯帝國宣告滅亡。

我認為列寧在革命團體中進行爭論時，很明確想要展現「不可示弱」的意志，在革命這個混亂漩渦裡，只要向人示弱就會馬上被淘汰，是以絕對不能退讓，他身上就是有這麼剛強的意念。

列寧逃往芬蘭三個月後，又喬裝返回俄國，帶領武裝抗爭打倒臨時政府[4]，宣告建立蘇維埃（Soviet）政權。只是布爾什維克黨未能在首次選舉中拿下國會最大黨，遂又再度行使武力封閉議會。

此舉宛如古希臘的僭主，用粗魯不堪的手法遏止議會政治萌芽。

據說列寧在運用流放等各種形式剷除反對派的同時，並沒有大幅執行肅清行動。可以看出他在政策有所讓步，跟達成社會主義相比，他更以重整經濟為優先。也許是他判斷如要對抗歐洲先進諸國，比起貫徹社會主義理念，首先至少要先提升民眾生活水準才行。

換言之，我認為列寧在革命主導權的鬥爭當中，他只能以獨裁的形式行動。然則他未曾走上極端的肅清路線，可能是已從歷史看到將會招來什麼結果吧！一般認為法國大革命的領導者是學自羅馬，而帶領俄國革命的列寧，應該也有從法國大革命中學到一些教訓。

粗暴的獨裁者史達林

不過接下來繼承列寧腳步的史達林，就是一個完全無視歷史教訓的人。他屢屢進行殘酷的肅清行動，即屠殺反對派人士。或許列寧早已預見這個情景，他曾在遺囑上指出史達林性格粗暴，應該把他換掉，改由更有耐性、更誠實的人來擔任共產黨總書記。

史達林獲得絕對極權後，便強制執行工業化與集體農場（kolkhoz）。他還施行「飢餓出口」，將原本應該在國內流通的穀物、農作物用於出口，再把所得資金投入工業化。想當然爾，此舉引發蘇聯國內飢荒，導致許多人們被迫餓死。

4 譯注：即一九一七年的「十月革命」（同樣以儒略曆計日），實際發生時間為西元一九一七年十一月七日，工人、農民在以列寧為首的布爾什維克黨帶領下，於彼得格勒發動之革命。

再者，在農業集體化的過程中，批判史達林政策的勢力均被接連肅清，以舊型農業致富的地主、貴族也成為鎮壓的目標。史達林認為富裕或貴族階層的存在不僅違反了共產理念，基於他們與歐洲先進資本主義國家的深厚關係，也很可能誘發外國的干涉行動。

在世界史上，「排除政敵」絕對不是什麼罕見的行為，可是殺害政敵的「肅清」行動一定不會受到歡迎。古羅馬五賢君之一的哈德良到最後評價之所以變差，就是因為他處決過數名元老院貴族政敵。

史達林執行的「大整肅」（Great Purge）造成許多人因此殞命，據說人數高達數百萬甚至一千萬之多。正如列寧所擔憂的，史達林能夠毫不猶豫進行如此大規模的屠殺，恐怕跟性格有很大的關連。

他這種常人無法理解的殘暴性格，跟希特勒倒是頗有相通之處。第二次世界大戰後，希特勒屠殺猶太人的行為曝光，其駭人聽聞的真實狀況遭到全世界譴責，但史達林的大整肅卻少有提及，應該是蘇聯封鎖真相的關係。在我讀中小學時，日本的共產主義者不知道曾經發生過這等事情，還對史達林給予肯定的評價，天真地高呼「蘇聯萬歲」。

一九五三年史達林過世後，情況終於有了一些改變。曾經歷集團領導體制時期的赫魯雪夫當上最高領導者，在就任共產黨第一書記二、三年以後，就開啟對史達林的批判，並且首度公開史達林的恐怖政治和大整肅真實狀況。不只日本，全世界的共產主義者都受到難以估量的衝擊。

東西各不同的王權強度

史達林根本不管什麼主義或理念，把不順眼的人一律冠上「該抹煞的反社會主義分子」罪名，予以判刑或肅清。他曾高喊「社會主義」的理想，對於那些「妨礙我實現理想的人」和「革命公敵」便想加以剷除，這一點跟羅伯斯比爾有點相近，只是兩人的肅清規模完全不能相比。

第二次世界大戰之後，中國的文化大革命與柬埔寨的波爾．布特（Pol Pot）政權，都曾經展開令人毛骨聳然的屠殺行動。綜觀這些歷史，彷彿大屠殺就是社會主義的產物、或是共產主義的宿命，不過我認為其中跟地區特性有很大的關連。

自古以來，我們能看出位於歐亞大陸東方的國家王權比起西方各國更加強大的傾向。

有趣的是，在歐亞大陸西側，時任當權者都是積極地在民眾面前現身、進行演講，接受民眾的喝采（有時也是噓聲）。其實羅馬皇帝也是坐在羅馬競技場（Colosseum）的貴賓席觀賞競賽，甚至還有皇帝親自參賽過。

反觀歐亞大陸東側，大多當權者都坐在簾幕後方，一般大眾幾乎沒什麼機會看到他們的身影或舉止動作。中國皇帝向來生活在宮殿深處，日本往昔的天皇自不必說，能謁見將軍的也只有特定一小部分的人而已。

我們不能否認，正因為這些當權者可以藏於幕後，才能毫無顧忌地施行獨裁。俄國和歐洲的相近之處，在於當權者會在革命時出現在民眾眼前、也會鼓舞民眾；同時也有不同於西歐諸國的神秘性，我覺得這是其精神文化土壤與東洋相近的緣故。

俄國民眾支持獨裁的心理

俄國繼史達林以後，最高權力者的獨裁權力依然強力運作著。有一個知名的俄國諷刺笑話是說：在赫魯雪夫當權的時代，有一個人大喊赫魯雪夫是笨蛋，赫魯雪夫便下令：「把那人抓來處死！」旁邊的人問道：「他只是喊個笨蛋而已，為什麼要被判死刑呢？」赫魯雪夫回答：「因為他洩漏了國家最高機密。」

仔細想來，應該是對獨裁政體習以為常的社會，才會出現這種笑話吧！

在赫魯雪夫之後，俄國仍舊一貫地維持獨裁政治。普丁總統也修改憲法，開啟了總統終身就職之路。我認為與其說民眾心中容許這些獨裁，不如說他們本來就有安於獨裁的一面。

俄國的獨裁歷史如此悠久，固然是沙皇制度已在社會根深蒂固，光看普丁總統的支持率，亦能感受到俄國把強權獨裁視為理所當然的特點。民主或共和政體皆無法在俄國落地生根，想來也是為此之故。

我來做個假設，比如俄國發生革命後，有可能產生類似「共和」的政體嗎？

彼得大帝的暴行

△

俄國畫家瓦西里・蘇里科夫（Vasily Surikov）發表於 1881 年的作品，
描繪了彼得大帝公開處決企圖叛亂的沙皇禁衛軍及其眷屬，表現了沙皇制度的暴虐性質。

我覺得相當困難。首要原因在於俄國或許有一部分知識分子具備民主或共和政體的知識，但當時民眾知識水準普遍不足。要使民主或共和政治扎根於社會，就需要民眾具備一定水準的識字率及閱讀能力。例如在法國大革命，庶民階層要能閱讀文字，才可能接觸盧梭（Jean-Jacques Rousseau）的啟蒙著作；而俄國卻有八到九成的農民完全無法閱讀文字。儘管俄國有杜斯妥也夫斯基（Fyodor Mikhailovich Dostoevsky）、托爾斯泰這些在世界文學史上留名的大文豪，還是不能忽略上述現實。

在俄國，貴族階級確實可能擔得起「共和政體式的國家經營」工作，他們吸收了以法國為主、孕育自西歐的學問、文化與教養，就算在俄國生活也能使用法語交談。

然而，在希望俄國人建構理想社會主義國家的布爾什維克黨看來，這些巧妙使用外語、撐起過去沙皇制度的貴族階層，無非就是「革命公敵」。身懷知識教養、又懂得政權經營與外交訣竅的有能之士，卻在帝政後建立新國家的過程中被強制排除在外，對俄國的歷史來說實在是悲劇一場。

第十三章　墨索里尼與希特勒

墨索里尼的崛起

史達林這位獨裁者，出自一個沒有民主與共和政體傳統、並帶有神秘性王朝長久統治的國度，跟本章將看到的墨索里尼有所不同。墨索里尼所統治的義大利，是一個擁有悠久共和政體傳統、也在歷史上經歷過各種政體的國家，就這一點看來，墨索里尼與史達林兩位獨裁者可說完全相反。

墨索里尼本來是隸屬義大利社會黨（Italian Socialist Party）的社會主義者，他早先遵從該黨立場主張反戰，加上他父親是一位熱情的社會主義者兼無政府主義

（Anarchism）思想的信徒，所以我覺得墨索里尼本質上也帶有一些無政府主義者的變化多端。

原本主張反戰的社會主義者墨索里尼，從某個時期開始突然翻轉成強硬的參戰派，其中關鍵就在第一次世界大戰。

這場大戰的結果顯然就是由戰勝國瓜分領土、重寫國際勢力版圖。墨索里尼大概已經察覺到，現在不是義大利這種弱小國家能置身事外、反對戰爭的時候，因此他轉而走向大膽的現實路線。

墨索里尼嘴上高喊社會主義的理想，行動上倒是個極端的投機分子。也就是說，比起理念的一致性或社會正義，他會從各種機會中選擇對自己有利的道路，藉以在政治上得勢。而其中一個選擇就是從反戰轉為參戰，儘管此舉使他遭到社會黨的開除黨籍處分，卻也成為他抓住權力的契機之一。

第一次世界大戰爆發後一年後，義大利參戰，加入英法聯軍方，而墨索里尼自願從軍。他從戰地返回以後，便組織退伍軍人成立了「義大利法西斯戰鬥團」（Italian Fasces of Combat）。

一九二〇年左右，社會黨左派（義大利共產黨於一九二一年成立）展開大規模的選舉及示威行動，墨索里尼又成立了實戰部隊（武裝行動隊）「黑衫軍」（Blackshirts），以武力來對抗革命派的各種手段，並爭取反社會主義陣營的支持。

在一九二一五月五月的大選中，墨索里尼率法西斯戰鬥團參加了義大利自由黨（Italian Liberal Party）喬瓦尼・喬利蒂（Giovanni Giolitti）首相號召組成的「國民聯盟」（National Blocs），於國會拿下三十五席，又將「法西斯戰鬥團」改組成政黨「國家法西斯黨」（National Fascist Party）。

然後墨索里尼又在隔年以黑衫軍之力鎮壓左派發動的大型罷工，對反應遲緩的政府喊話：「交出政權，否則我們將親自奪來」，並將於十月發動各地黑衫軍前往羅馬進行示威行動（羅馬進軍）。而國王判斷只有墨索里尼能夠收拾局面，於是授命時年三十九歲的墨索里尼就任首相。

在一九二四年的選舉，國家法西斯黨集結「國民聯盟」的所屬議員再組成「國民陣線」（National List）並取得七成的席次。翌年一九二五年在議會發表獨裁之宣言，達成一黨獨裁體制。

「羅馬進軍」中的墨索里尼
△
墨索里尼與其追隨者在「羅馬進軍」（March on Rome）中的紀錄照片，
拍攝於 1922 年 10 月 22 日。

為何戰勝國義大利還會誕生獨裁者？

看到這裡腦中不禁出現一個疑問：為什麼身為一戰戰勝國的義大利要施行獨裁政體呢？

納粹之所以能在德國崛起，遠因來自德國在第一次世界大戰戰敗，背負鉅額賠款以致國家陷入困頓。雖然義大利確實在墨索里尼崛起的一九二〇年代前期、即第一次世界大戰後陷入經濟不景氣，但好歹也算是戰勝國之一，少說也能獲得一些賠款、擴張一些領土。那為什麼這樣的義大利會誕生出墨索里尼呢？

我認為墨索里尼他能巧妙讓義大利人憶起古羅馬形象這一點，具有很重大的意義。對義大利人而言，他們有最早稱霸世界的祖先，古羅馬人、羅馬史均是值得引以為傲的光榮記憶。誠如前述，我們今天去羅馬依然可看到下水道人孔蓋上面刻著「ＳＰＱＲ」這個古羅馬國名。

墨索里尼的「羅馬進軍」之舉，從前的蘇拉（西元前一三八－前七十八年）也曾經做過；更有凱撒不解除武裝就渡過盧比孔河回到羅馬之史實。一個擁有強大力量的

法西斯舉手禮

△

墨索里尼與希特勒的宣傳照，拍攝於 1936 年 10 月 25 日。
其中墨索里尼高舉右手的「法西斯舉手禮」，起源自古羅馬時代的敬禮習俗（Roman salute）。

人朝向羅馬而行——這個場景喚起了義大利人內心嚮往的原始形象。

前面已經提到過，在共和政體下的羅馬，他們有時可接受只有單獨一位獨裁官、以半年為限的領導制度。在墨索里尼的腦袋裡，肯定也存在這種於非常時期承認臨時獨裁的羅馬傳統。他引用象徵羅馬時代權威的斧頭裝飾束棒（fasces）來作為黨名（請參照第七章），亦可算是一種形象策略。

只要是受過一般教育的義大利人，應該都知道「法西斯」一詞的來源，可以想見他們一開始對「Fascists、Fascio、Fasci」[1]幾個詞並沒有什麼壞印象。現代人是因為知道二十世紀的法西斯獨裁政體，才會一聽到法西斯主義就想到希特勒、墨索里尼之流的獨裁者，其實該詞原本並無「獨裁」含意。

1 譯注：Fascists，即法西斯主義者；Fascio 為「束棒」之複數表現，Fasci 指義大利文「束」之單數形態，Fascio 為複數型態，後者亦可指法西斯黨、法西斯主義或有該傾向之人。

義大利國民追求獨裁的心理

我們得先中立看待「法西斯主義」一詞，才能從不同角度去探討墨索里尼的獨裁。我在第二部已經詳細描述過，古羅馬為了防範獨裁者施行高壓政治，故而打造共和政體，且將此傳統維繫五百年之久。然則不可否認的是，他們在國內維持體制獨裁的同時，對外卻是用武力侵略鄰近國家的「完全軍國主義國家」。

就這個意義來看，我認為羅馬共和政體的本質就是「共和政體法西斯主義」，而墨索里尼親自擔任獨裁政體支柱，這也是一種共和政體的法西斯主義。

在邁向帝國化的歐洲，如果僅是標榜反戰、等別人攻進來才打防衛戰是無法存活的。現在就是關乎義大利存亡的非常狀況，他必須成為像凱撒一般的獨裁者來推動軍國主義，才能為義大利找回過去的榮耀——我想這正是墨索里尼這個人試圖展現的願景。

重要的是，義大利國民也接受了這個願景，羅馬帝國時代的光輝繁盛是義大利人最大的驕傲，也是能夠喚起他們自我肯定的強烈印象。這種心態可以很輕易跟共和政體法西斯主義、即軍國主義力量相結合。

吉斯蒙迪的古羅馬城模型

△

圖為墨索里尼委託義大利考古學家伊塔洛・吉斯蒙迪（Italo Gismondi）所製作的
君士坦丁時代的古羅馬城模型。
吉斯蒙迪根據古代文獻與考古資料，於 1935 年開始製作，直至 1971 年完成，
現藏於義大利羅馬的古羅馬文明博物館。

這一點就與德國有所不同。德國在第一次世界大戰吃下屈辱的敗仗，故將復仇之火轉化為愛國情操。相對地，戰勝國義大利則是在經濟衰退與左派革命動亂中，將「重現羅馬帝國榮耀」的美夢交託給墨索里尼，把他跟以前那些發揮強大領導能力的皇帝們重疊了，因此是民眾自身在追求獨裁者。

在羅馬近郊「ＥＵＲ區」（意為羅馬萬國博覽會區）的羅馬文明博物館（Museum of Roman Civilization），以巨大模型重現了羅馬帝國時代的街道，該模型便是墨索里尼委託所作。我們可以從中看出，墨索里尼總是惦記著要重現羅馬帝國，部分民眾也應該很期待他能實現。

「遲來的民族國家」及其建國背景

除此之外，我認為義大利接受墨索里尼獨裁的理由還有一個，亦即他們是「遲來的民族國家」。義大利至十九世紀中葉以後才統一成為民族國家，比英國、法國晚了一至二個世紀。這個「遲來」無疑與往後的獨裁有其關連。

先進列強諸國已在海外擴張領土，一個「遲來的民族國家」想殺進這場群雄爭鬥之中，就必須要用強大權力統率國家才有勝算。可是義大利原為許多獨立聯邦國家所組成，本身就很難讓國民團結一心。

直至今日，從食物、足球文化等均可看出義大利明顯的鄉土情懷以及地方特色。另外他們國內現在也還有「戰南北」的問題，米蘭（Milan）等城市所在的北義人瞧不起南義，而那不勒斯等地的南義人也嫌棄北義「一天到晚裝腔作勢」。

換句話說，義大利有著必須發動強權才能整頓國家的文化歷史背景——而這也是墨索里尼登台之原因。

再者，義大利在資本主義近代化方面亦落後於他人。

義大利統一與日本明治維新大約落在同一時期，只是相對於日本把重點放在重工業領域的「殖產興業」[2]，義大利選擇提振以文化藝術為基礎的工藝領域中小產業，

2 譯注：「殖產興業」為日本明治維新時期的近代化政策。日本為與西方列強抗衡，引進近代產業技術及資本主義生產方法，並對國內產業實行保護、培育措施。

以致無法和其他先進國家競爭。是以墨索里尼為了讓各方面都落後的義大利走向「帝國化」，便企圖以羅馬帝國時代為典範，推行強權的法西斯主義。

讓列寧、邱吉爾都著迷的男人

如此一來，當時的義大利人就非常自然而然地接受了墨索里尼之獨裁。墨索里尼巧妙利用義大利人那熱烈的「羅馬情懷」，穩定地走向獨裁。此即墨索里尼獨裁最大的特徵，也是他跟希特勒很大的差異。

事實上，墨索里尼乃受義大利國王之命擔任首相，即使他的目標是實行獨裁，一開始仍先組成聯合政府。此外，他本來是個無神論者，卻與羅馬教皇結盟，在教皇庇護下鞏固獨裁政權的基礎。也就是說，墨索里尼打算透過將獨裁政體納入既有體制的方式，予以定位並合理化。這也符合凱撒表面奉共和政體為招牌，實際上則推動獨裁的情形。

此外，相較於希特勒總是散發讓人難以親近的氛圍，墨索里尼倒是給人一種「平易近人」之感，這或許跟他成長自一個很普通的義大利家庭有關。儘管他小時候的軼事中有不少顯露出粗暴的一面，但看來至少不像希特勒那樣得不到家庭溫暖。

墨索里尼對任何人都從無膽怯退縮，又頗為勤奮好學，自小就是令人青眼相待的人物。他以第一名成績從師範學校畢業後，就為了增廣見聞到瑞士去流浪，並於那時認識列寧結為知己。兩人相識大約是在墨索里尼二十歲前後，那時他們還尚未正式從事政治活動，不過列寧似乎已經很欣賞青年墨索里尼的才能與人格魅力。相傳後來第二次世界大戰的敵人英國邱吉爾首相也極為欣賞墨索里尼的人品，可見他確實有不可思議的魅力。

的確，義大利人的「表演」（演技、身段）非常誇張，簡直可說是全體國民都能當演員的程度，而墨索里尼更是箇中翹楚。有一段關於希特勒和墨索里尼的軼事，就是說兩人見面時希特勒自嘆：「如果要當一個演員，我可完全比不上墨索里尼。」

墨索里尼是個語言專家、話術精妙，欲於歐洲各國之間取得力量平衡，這幾點均與俾斯麥或有相通之處。雖然「如果」一詞是歷史的禁忌，可是如果墨索里尼早生十年、或者再晚生十年，可能評價就會跟現在完全不同了。

誕生於義大利土地的獨裁者

墨索里尼與希特勒之所以突然走近，起因源於西班牙內戰（Spanish Civil War）時，雙方加入佛朗哥（Francisco Franco）將軍率領的叛軍一方共同作戰。其後義大利、德國又在第二次世界大戰時組成軸心國作戰，只是他們二人對戰爭並未抱持相同的熱度。

希特勒以消滅猶太人為目標，而墨索里尼至少在與德國結盟之前，對希特勒人種政策是抱持強烈批判態度的。若說起確立獨裁政權的過程，墨索里尼也不像史達林那樣徹底肅清政敵及反對勢力。至於第二次世界大戰，墨索里尼一開始持中立立場，且發表「非交戰國」宣言。然而開戰一年後德國越來越見優勢，據傳還可能攻陷法國，墨索里尼遂決意參戰，義大利也從此陷入戰爭泥淖裡頭。

隨著戰況惡化，義大利國內對獨裁的批判聲浪也越來越大，於是在同盟國聯軍逼近首都羅馬時，墨索里尼遭到逮捕、監禁，而後是靠德軍趕來才擊退盟軍[3]。墨索里尼獲救後，便於米蘭附近建立新政權[4]以對抗義大利王國，不過實質上僅是德國的傀儡政權。沒過多久，墨索里尼就走向了殘酷的結局：在德國投降盟軍的一個月前，他被（partisan，指共產黨員）殺害、且倒吊曝屍示眾。

墨索里尼無疑是個企圖在現代復甦羅馬帝國繁榮的獨裁者，而許多義大利國民也懷有相同的心思，不少民眾認為「假如是墨索里尼，說不定就辦得到」。

拉丁文的「領導者」為「dux」，墨索里尼曾用意思相同的「duce」自稱以示親民。至今只要講到「duce」一詞，義大利人還是習慣馬上聯想到墨索里尼。

此外，義大利社會亦以和本土主義（localism）混合的形式，作為社會主義產物成長的文化土壤。二戰之後，義大利成為所謂歐洲共產主義（Eurocommunism）的社會主義發展中心，直到現在也還實際存在一些提倡共產理念的小政黨，足以證明其發展。在義大利社會根深蒂固的共和政體傳統中，除了存在共和、民主、獨裁等政體的微妙平衡，某種程度上也與社會主義有所共鳴。因為這是墨索里尼的行動、與他倡導的國家社會主義，在這片土地上所造成的回響。

3　譯注：指一九四三年同盟國盟軍轟炸羅馬後，義大利國王艾曼紐三世（Victor Emmanuel III）協同國會讓墨索里尼失勢，並設計逮捕他，墨索里尼後被德軍救出。

4　譯注：指義大利社會共和國（Repubblica Sociale Italiana，又稱「薩羅共和國」。

墨索里尼之墓

△

圖為位於義大利北部的小鎮普雷達皮奧（Predappio）的墨索里尼之墓。
墨索里尼於1943死後，遺體原本被放於無標記的公墓，在1957年重新遷葬於普雷達皮奧，
讓該地成為義大利法西斯擁護者的朝聖地。

對義大利人來說，墨索里尼是個相當親民的人物，換句話說，墨索里尼可算是在義大利文化社會背景下誕生的獨裁者吧！

為何希特勒如此殘酷？

另一方面，希特勒是怎樣的存在呢？

提到希特勒首先一定會強調的，就是他那殘酷的性格。他所推行的反猶太主義政策，在二戰後造成全世界的恐慌。尤其是他在猶太人集中營有系統性地大量進行虐殺，這個事實恐怕連卡利古拉、尼祿、圖密善三位羅馬暴君都顯得相形失色。

希特勒為什麼會做出這些殘酷行為呢？造成他偏執性格的根本原因，令人不得不想到他是個劣等生的事實。他沒有從家庭或朋友那得到什麼照顧、進不了德國中等學校（Gymnasium）、兩次報考美術學校都落榜，體格在日耳曼民族當中又相對矮小，外表也不出眾。甚至讓人覺得，希特勒後來如此全心全意投入激烈的演說，也是為了翻轉他本身的自卑感。至少他的演講就不像墨索里尼那般宛如渾然天成的表演。

當我們要探討希特勒的相關事情時，必然還是要先看過德國的獨裁系譜。我們在第十一章已經讀過了俾斯麥與威廉二世，而威廉二世在德國就是定調為獨裁者的形象。他非常自以為是，而且從他宣揚黃禍論[5]這點，就能看出他滿滿的民族優越感。

然則在第一次世界大戰後，這位威廉二世厚著臉皮逃亡，使德國變成債台高築的戰敗國——而希特勒便化身為填補戰敗失落感、讓德國人民陶醉的繼任領袖。

希特勒一時蔚為德國的英雄。他運用公共建設來重整德國沉重的鉅額賠款、以及受世界經濟大恐慌影響的經濟衰退，強行重啟被列強封鎖的軍備，又恢復了就業市場，也的確讓戰後重創的德國得以順利復興。所以德國國民瘋狂地支持希特勒，隨即接受他主張德國人應為領袖統治世界等荒唐無稽的世界觀，還有與那世界觀密不可分的反猶太主義。

話雖如此，一般認為其實德國國民也不太知道死亡集中營的真實狀況殘酷至此。

某位曾經於希特勒宣傳部長戈培爾（Joseph Goebbels）晚年擔任其秘書的女性，她在電影《龐瑟回憶錄》（*A German Life*，二〇一六年發行）裡自白：「我完全沒發現，原來他們做了這麼可怕的事情。」當然，我們無從知曉她的話語究竟有幾分真實，但是無論如何我們都應該記住她公開發言所說的那句「我完全沒發現」。

就後人的角度來看，不禁覺得：這麼嚴重的迫害、虐殺，怎麼可能會沒發現？當時的德國人也知道猶太人被抓走從此在市街上消失、不知去哪裡的遙遠集中營強制勞動、或是被教化要捨棄猶太教等等，可是他們完全沒想到，這些使人毛骨聳然、有系統性的殺戮行為竟是持續不斷在悄悄進行。我想，對許多德國人來說，應該只是不想面對現實吧！血淋淋的事實告訴我們，人類就是有這樣的一面。

我們可以從二十世紀歷史中學到的事

希特勒以其經濟政策之成功獲得支持，並以此為立足點鞏固他的獨裁體制，我認

5 譯注：黃禍（Yellow Peril），指十九世紀後半至二十世紀初歐、美、澳洲等白種人為主的西方世界中，認為黃種人帶來威脅的論調。

為這是我們思考「獨裁政體」的一個重點。

一九二九年全世界發生經濟大恐慌時，正好在俄國也誕生了史達林政權。史達林斷言資本主義沒有未來，又言過其實地大肆宣傳他本人推展的五年計畫，以作為獨裁體制的立足點。原因在於不管什麼時代，經濟政策（的大肆宣傳）都可以當作獨裁的墊腳石。

希特勒統治下的德國亦然，我們已經看到德國透過控管經濟而成功復甦，二戰前的日本也曾大聲疾呼資本主義有所極限，故極力主張應該模仿蘇聯、德國進行經濟控管。而後隨著中日戰爭爆發，也確實大大轉彎走向了控制經濟。

一旦看到資本主義自由經濟陷入僵局，就一定會有人出來說：「我們應該發動強權來控制經濟活動」、或者「我們應該實施計畫經濟」。倘若一面倒向自由主義，將會造成不可收拾的局面，因此有時也必須加強控管。不管是大型政府、還是小型政府，要干預、還是放任市場，到現在依然是我們必須直接面對的問題。

我們有時的確就是需要果敢的決斷，但也應該回想一下從世界史學來的教訓，該政策是否很可能變成「惡劣獨裁」的開端。

羅馬的護民官

△

圖為 1799 年的版畫，描繪了古羅馬的護民官，在廣場上向群眾發表演說。

共和政體下的羅馬僅認可國有大事時可執行獨裁，而這個體系內含獨裁權力的時間限定，若獨裁者不受控制亦可強制結束政權。比如我們在第五章介紹過的「護民官」即為其體系之一環。或許我們也可以考慮在現代實行「在緊急狀態時以半年為限、帶有獨裁性質的政權運用體系」。

對於像病毒造成的疫情，很難用自由主義、民主主義性質的方法去控制之。假如能學習古羅馬獨裁官制度，或許就不用一直處在「政權延長致使獨裁政體衍生弊端」、「實行封鎖或限制活動是否過於強權」等議題之中，還能更進一步思考「我們可否在發生緊急狀態的半年之間，交由現任領袖全權處理」之可能性。

我們能在現代發揮幾分世界史的智慧呢？我希望大家即便處於緊急狀態之下，也能有回顧歷史的聰明才智。

IV

獨裁與未來——歷史的教訓

第十四章　威尼斯防範獨裁的智慧

世界史上維持最久的共和政體國家

目前為止，我們已經看過了古希臘、古羅馬、近代歐洲的獨裁，最後要來跟大家介紹威尼斯共和國（Republic of Venice）的政治機構。

古羅馬為防範獨裁而打造共和政體，並維持長達五百年的國脈。不過世界上還有另一個共和政體國家維持得比羅馬還長久許多，那就是威尼斯。

相傳威尼斯的歷史始於西元五世紀左右，六九七年時選出首任總督（Doge，相當於執政官），成立威尼斯共和國。從建國至一七九七年被拿破崙征服為止，維持了超過一千年以上的獨特共和政體。威尼斯的共和政體到後期雖然逐漸變質，但它能夠守住「共和政體」如此悠久的時間，應該已經可以算是世界史上屈指可數的共和成功案例了。

由於羅馬帝國衰亡與隨之而來的日耳曼各族入侵，促使人們至威尼斯居住，許多人搬遷到威尼斯潟湖（lagoon）以逃避戰亂。潟湖其實不算是一個適合人居的場所，一開始只能算是日耳曼人攻來時的避難之所而已。而後他們耗時數百年整頓公共建設，建造了安居之地。

儘管威尼斯面積最小、人口最少，卻是一個最強的通商貿易國家。他們實際居住的地區極為狹小，活動範圍倒是遍及整個地中海域。

如想建造交易所需之港口，就得將岸邊的內陸地區納為領土，且以此為腹地開發內陸、再擴大領土。然而威尼斯並沒有花太多力氣在這裡，他們不靠軍事力量，而是選擇以外交力量作為生存之道。

威尼斯人搭乘自家商船前往各地，獨佔了連結亞洲、歐洲的海上貿易。他們經由拜占庭帝國將東方的辛香料、寶石、絲織品等賣給歐洲貴族接成，然後再從歐洲把白

威尼斯共和國的金獅旗

△

此旗約於十三世紀開始使用，其中金色獅子代表威尼斯的守護聖人——聖馬爾谷（Mark the Evangelist）；旗幟右側的六個紋章，代表威尼斯六個自治城區（sestiere）。

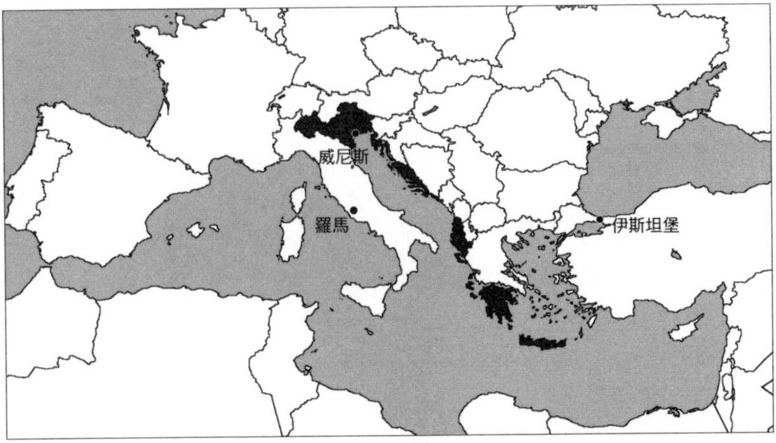

△

十八世紀初期的威尼斯勢力範圍，遍及亞得里亞海與地中海的東部，掌握了歐洲與土耳其貿易的主要路線。

銀運往東方，賺取鉅額的財富。

小國特有的戰略

拜占庭帝國（東羅馬帝國）固然握有霸權，卻不太熱中於商業貿易活動。說起來前近代的社會大概也算不上有什麼商業貿易行為，羅馬哲學家西塞羅的《論義務》（*De Officiis*）中，就相當輕視商業，認為只有身分低賤的窮人才會以此為生。

話雖如此，西塞羅也說過，若能透過大規模交易把必需物品運往必要場所，那可真是美事一樁。就拜占庭帝國角度來看是請威尼斯負責採購必須的物資，而就威尼斯角度來看則是「依存」於拜占庭帝國以便順利行事。也就是說，威尼斯在政治方面依附於拜占庭帝國的霸權之下，商業貿易活動方面則是以自家為發展之中心，並且可自帝國取得免稅特權。

該特權之運用並非只有「A到B、B到A」的單純兩國貿易，而是推展「A的產物運往B、B的產物運往C」這種多方貿易。故以威尼斯國家之小，依然能夠成為地中海世界最強大的綜合商業國家。

威尼斯也相當有策略地加強自身強項：一個是造船技術，另一個則是外交力量。

直到今日，人們對於威尼斯的印象仍是「工坊都市」，其以貿易國家身分需要更精良的船隻，遂於開發造船技術方面投入許多精力，並活用技術組成強力艦隊，或者將之提供給十字軍。

此外，就算有能力打造精良的船隻，還是要從語言文化各不同的異國身上贏得信任，才能維繫長久而有利的通商。因此威尼斯特別注重強化外交力量，他們選用優秀人才擔任外交官，常駐在各國以求建立良好關係，可謂小國特有的巧妙戰略。

而作為一個商業國家，威尼斯還有將國家財政規模抑制在最小規模的智慧。這樣國家就更能好好籠絡富豪，官員規模也不需要太大。

為了能夠圓滑又有效率地進行多國貿易，威尼斯引進了複式簿記[1]等合理的財務

1　譯注：複式簿記（Double Entry Bookkeeping）指會計記錄時同時記錄交易之授受行為，交易發生時必定有借方也有貸方，且借貸必定相等，又稱為「雙式簿記」。

政變失敗遭到逮捕的威尼斯總督

△

義大利畫家弗朗西斯科・海耶　（Francesco Hayez）發表於 1867 年的作品，
描繪了十四世紀的威尼斯總督馬里諾・法利耶羅（Marino Faliero）密謀推翻十人會議的政變敗露，在總督宮（Doge's Palace）前遭到逮捕的場景。

系統，此舉可謂意義重大。他們又創立了類似現代銀行的機構，整頓出一個無須現金交易、也能透過各國所設分店在帳簿上結算的機制。

以「抽籤與選舉」選出領袖

威尼斯之所以能夠專注於上述國際貿易，可歸因於國內政治安定之故。

威尼斯人也見識過羅馬帝國的獨裁政體、以及迫使他們逃到潟湖的日耳曼各族獨裁者。正因如此，他們更不想被別人統治，尊重、守護個人自由的觀念也更為堅定。他們建構出一個不容獨裁者出現的獨特機制，而該機制在初期是採用類似直接民主政體的方式。

然而，施行直接選舉的民主政體有其弊病：例如古希臘雅典就曾經把用來除去獨裁嫌疑者的陶片流放制，當成剷除政敵的道具。另外，雅典為讓公民有平等參與國政的機會，採用抽籤的方式選拔議員，但這樣可能就會選到缺乏國家經營才能、或不適合的人。

而當他們選出領袖，那位經由直接選舉獲得壓倒性多數票的當選人，過不久也會走向獨裁、濫用權力——這是我們從二十世紀歷史瞭解到的民主政體弊病。

為了消除前述風險和缺點、不讓權力獨大的獨裁者出頭，威尼斯採用由有限統治階級共同負責的共和政體。其中特別值得注意的是一三一〇年設置的「十人委員會」[2]：該機構原本是設立用來防止叛亂，後來在功能上轉變成檢視總督這位執政官的行動、政策，並進行合議之組織，換言之，威尼斯是採寡頭政治的方式經營國家。而我認為正是威尼斯在十人委員會之下，還有設計周延、運作良好的統治機構，所以才能比元老院淪於弱化、共和流於空洞的羅馬更為長壽。

再者，威尼斯選定總督時，是採用一種重複抽籤、選舉的獨特手法。首先抽籤抽出候選人，再透過選舉從這群抽籤當選者中選出可擔任下一任執政官之人。然後這一輪選出的人又再次抽籤，如此大約重複五次抽籤、四次選舉左右。

這個方法在選拔過程中加進了隨機成分，使得每一個人都很難去刻意選到特定某一人，特定派系沒辦法爭取多數票，欲奪取獨裁大權的個人野心自然也起不了作用。基於前述基礎，便成為可反映一定程度民意的政治體系。如此一來，就不會偶然選中到一個不適用、或缺乏意志的人來擔任國家領袖。

儘管威尼斯出過許多傑出領袖，可是同時又對領袖世襲一事感到恐懼。我曾經在《世界史的遺訓》（日文原名：《世界史の遺風》，最初連載於《產經新聞》）中提過雅科波·提埃波羅（Jacopo Tiepolo）即為一個典型的例子。他是第四十六代總督羅倫佐·提埃波羅（Lorenzo Tiepolo）之子，擁有非常輝煌的軍人經歷，備受眾人期待卻選擇離開威尼斯。

原因在於雅科波·提埃波羅的祖父、父親皆已當過總督，假如他自己再當上總督，就是連續三代。是以他並未要求大家支持，反倒是民眾「希望他來當」的呼聲很高，不過他最後還是拒絕走上這條路。

連當兩代總督或許還好，若當到三代、四代就會變得很接近君主政治，而雅科波·提埃波羅便親自展現了對這種狀況的強烈憂心。

2 譯注：Council of Ten，亦稱「十人議會」。

他們為何認可議員世襲制度？

威尼斯一方面迴避領袖世襲，另一方面卻又認可國會議員的世襲制度，將議員的終身任期改為世襲。

日本向來有厭惡政二代、政三代議員的風氣，我覺得單純從這點去批判那些議員可能太過膚淺。正如我在前面反覆提過的，只要回顧世界史，即可看到「世襲才能保證產出符合身分的人才」這種元老院貴族式想法，或是亞里斯多德主張貴族政體為佳的說法，再加上還有威尼斯的案例，或許我們應該去關注看看世襲制所培養出的成果。

話說回來，威尼斯認可議員終身制之過程亦有高深的智慧作為基礎，其可追溯至一二九七年第四十九代總督皮耶特羅．格拉德尼戈（Pietro Gradenigo）施行的改革（附帶一提，前述「十人委員會」亦為他所設立）。

當時國會議員越來越傾向被幾個有力世家獨佔，一般來說，只要斬斷既得利益者的源頭就可能進行改革，可是皮耶特羅．拉德尼戈卻率先保障那些既有席次成員成為終身制，然後再增加議員規定人數，開啟一條由總督及其輔佐官推薦人選擔任議員的新路徑。這麼一來，就算不是出自有力世家的人，也能以其才能獲得錄用。

這些是鹽野七生女士在《海上都城物語》（日文原名：《海の都の物語》）中介紹過的小故事，我覺得是個相當聰明的方法。的確，要發薪水給舊議員乍看是很浪費，然則總比在新舊權力之間製造無謂紛爭對立來得好。

對現代的日本人而言，也許不太能理解以貴族存在為前提的共和政體，不過我想我們應該要求自己把共和政體這種經營國家的「安定裝置」當作一個平台，秉持求知的態度去學習該學的東西。

維持一個「小小的海軍強國」

威尼斯之所以能夠長久維持共和政體，還有一個原因就是他們並未像羅馬那樣擴張領土。

就這個意義上來看，我認為羅馬共和政體的本質即為「共和政體法西斯主義」，而墨索里尼主導的獨裁也是一種共和政體法西斯主義。

威尼斯除了是個通商國家，同時也是強大的海軍國家。然而一旦用錯軍事力量，就可能阻礙重要的貿易；一旦隨意攻打他國領土又吃敗仗，又會讓國家陷入危險。

當然還是有例外狀況：比如十三世紀初，威尼斯主導第四次十字軍東征佔領了君士坦丁堡（Constantinople），十四世紀末又於海戰大敗勁敵熱那亞共和國（Republic of Genoa），但從頭到尾都還是以威尼斯為據點。或許他們就是從古希臘以來的歷史學習到，不管共和還是民主政體，只要擴張超過一定規模就會出現破綻。

只是在進入十五世紀以後，威尼斯國土受到鄂圖曼帝國的威脅，又捲入歐洲列強爭霸戰，陷入了艱難的局面。隨著大航海時代的來臨，好望角一帶航線開通也對威尼斯貿易造成重大打擊。而後拿破崙攻打義大利，威尼斯被納為奧地利領土後，千年歷史遂告閉幕。

像威尼斯這種國家的經營原則就是「活動範圍要廣、國家規模與政府要小」，相信此原則也適用於缺乏廣大國土和資源的日本。

威尼斯人相當明白自己的優勢、弱勢、可能性與極限所在。所以他們才能以如此小國之身，在地中海世界佔據重要的分量。不，正因為他們是個小國，才會更早發現經濟的意義、以及國際貿易的重要性。

威尼斯有果斷實施「向外」打天下的戰略，又有「向內」求安定所需之智慧。而威尼斯共和政體也有許多東西值得現代的日本去學習。

第十五章　「數位獨裁」的未來

疫情剝奪「自由」之意義

二〇二〇年以來由於新型冠狀病毒肺炎的大流行，造成全世界許多人的生活完全變卦。傳染病可謂某種意義上的極度「平等」，它不分收入、人種、性別，剝奪了人們的各種自由。現在我們就站在這個立足點上，試著去探討新冠肺炎時代的政治。

在十八世紀的法國，有一位名叫班傑明．康斯坦（Benjamin Constant）的思想家兼小說家，在他以〈近代人的自由與古代人的自由〉為題的演講中，提到古代人的自由即「不是奴隸」，跟自我實踐是相對的，而現代人的自由則是「享受個人應有的權利」。

古代人的「不是奴隸」，意指不用侍奉主人，也就意謂著他可以憑自己個人的意志來決定事情。不過其是否等同近代定義的「自由」，這點尚有疑問。在大多數情況下，他們參與國家、公事之決策均受到限制。

在古希臘的城邦，只有奴隸以外的一小部分公民能參與直接民主政體。此外，儘管「直接參加」乍聽之下很不錯，卻得犧牲享受個人生活的時間才能實行。

近代的人們只要將政治交給選舉選出的代議士（政治人物），就能有權享受自由的時間，而且還能透過選舉投票行動來參與大方向之決策。

我認為人類的原始狀態正如惠欽格（Johan Huizinga）[1]《遊戲的人》（*Homo Ludens*）所述。近代人可藉由代議制度換取個人自由的時間，並將之用於玩樂。而跟古代完全無法相比的眾多現代人們，都獲得了這種「自由」。

但是，我們受肺炎疫情所限的也正是這種「近代的自由」：不能出門旅行、不能見想見的人、非必要、非緊急的外出均請「自律」。尤其對那些居住在先進國家的近代人而言，他們以往習慣享受的自由，正受到自第二次世界大戰以來未曾有過的大規模威脅。

為什麼人們會被剝奪自由呢？因為這是對付傳染病最有效的方法。換句話說，遇到疫情大流行這類的緊急狀況，以迅速、有力、又限制我們自由的決策最為有效，而獨裁型的政治體制在這一點上即佔有優勢，讓我們陷入一個找不到答案的兩難窘境。

可能釀成悲劇的「猛藥」

那麼我們又該如何看待這個狀態？我想現在不應完全迴避獨裁，而是可以採納一部分、有限制的獨裁，共和政體的歷史就是一個提示。

如同我在第二部所述，羅馬共和政體企圖全面防範獨裁，不過也另外在發生國家大事時將大權集中於獨裁官（dictator）之手，賦予他相當大的獨裁權力。顯見即便羅馬人有「我們受夠獨裁了」的共識，卻也知曉獨裁的優點。在我看來，他們設計這種

1 譯注：荷蘭語言學暨歷史學家，生卒年為一八七二－一九四五。

限定任期長度、禁止連任、卸任之後仍可檢舉的制度，可說是容許獨裁存在的巧妙條件。

獨裁政體確實有其害處，因此我並不會貿然地稱讚它。像中國共產黨在香港、新疆維吾爾自治區等地鎮壓民主的做法，想當然爾就是會招致批判。

現代的政治人物、至少那些標榜民主國家的政治人物，都是處在多重權力制衡的結構之中；只是有不少最上位者利用巧妙控制金流、人流，讓這種制衡結構淪於空洞形式。此外亦須注意國家最上位者是否有延長職務任期的傾向等。歷史告訴我們獨裁腐敗之處，是以絕對需要建立一個對它有所限制的機制。

國民無須自行思考或做決定——此即獨裁政體的特徵之一。倘若錯用這味「猛藥」，就會釀成悲劇。為了防止悲劇發生，我們現在就必須從歷史中學習經驗。

否定「派系政治」真的好嗎？

當然，我們應當把「獨裁政體基本上是有害、危險的」、「重要事務應採群體合議方式決定」這些想法當成是思考的基底。

另一方面，瞭解民主政體的各種問題和陷阱也相當重要。民主在本質上就是民粹主義，與其說它淪為民粹，不如說本來就是民粹。考量到這一點，我們就應該秉持學習獨裁、共和政體優點的心態，才能讓政治盡可能地變好。

從前我拜訪歐洲時曾看過他們的電視報導，對於政治人物極其詳盡的說明感到很敬佩。即使他們本來就生於一個辯論話術的世界，如此說話再尋常不過，但我能從中感受到他們身為有識之士的意念。

反觀日本的政治人物又是如何？如果只有岔開問題那還算好的，有的甚至還會對追問的記者予以威脅。新聞工作者也是權力制衡的重要一部分，用這種態度對待他們的政治人物，自然也稱不上什麼有見識、有節操之輩。可是國民似乎不怎麼重視這個問題，這樣下去，說不定哪天日本就突然落入獨裁了。

為什麼那些見識不足的政治人物會越來越多呢？我雖然不是日本政治的專家，不過我想跟派系政治之終結脫不了關係。

現在的日本只要一講到「派系政治」，大概都會被當成一件絕對的壞事，然其應該不是只有壞處。

想來羅馬元老院就是典型的「派系政治」：他們因應關注議題及意見形成黨派（factio），意見相同者會在黨內琢磨其議論，並與主張不同意見的黨內同志對抗——我們經常可讀到這樣的情景。

在日本的派系，無非也是一群懷有相同目標觀念的政治人物在討論政策、切磋琢磨、增長見識等等。甚至他們還會個別募集資金、彼此切磋琢磨（應該說是圍繞首相寶座的權力鬥爭），也會互相制衡，派系內存在一種緊張感。而在這份緊張感作用之下，他們為了提升派系實力，就會進行一定程度的人才培育。

然而，自從日本轉為小選區制、又開始實行政黨補助金[2]制度後，派系風尚便漸漸消失。政治人物不再琢磨自己的特色，只須聽從黨意即可，從此變得越來越像某種「上班族」，再這樣下去，我覺得對日本將是很大的損失。

政治運作只靠「法理社會」（Gesellschaft）是不夠的，還需要能自由活躍地進行討論，內部夥伴可互相協調的「禮俗社會」（Gemeinschaft）[3]。所以在這種「禮俗社會」組織或空間形成的層面上，派系政治也發揮了一定的作用。

排斥派系政治，或許就等於削弱了一部分元老院式的風尚，政治人物也將失去磨練見識的機會。

「數位獨裁」時代應考量之事

如要探究現代的獨裁，便不可忽視以色列歷史學家尤瓦爾・諾瓦・哈拉瑞（Yuval Noah Harari）之論述。他在近年著作《21 Lessons》[4]裡指出數位獨裁時代即將到來。

近年來，由於資訊科技、生物科技（biotechnology）急速進展，使得人工智慧（AI）遠比人類更有效率、更有準確度。而機器人、無人機在各種領域代替人類工作

2 譯注：小選區制（小選挙区制）：指一個選區只能選出一名代表的選舉制度。政黨補助金（政党交付金／政党助成金），指國家發予政黨進行政治活動的補助金。

3 譯注：Gesellschaft、Gemeinschaft 皆為德文，為德國社會學家費迪南・托恩（Ferdinand Tönnies）使用的概念，前者通常譯為「法理社會」，意指功能性組織、利益團體；後者則譯為「禮俗社會」，意指以血緣、地緣、友情或精神上連帶關係為基礎而形成的有機共同體。

4 譯注：中譯本為《21世紀的21堂課》，天下文化出版，二〇一八年。

的狀況也越來越司空見慣。哈拉瑞提及接下來政治界將會發生同樣的事，亦即可能出現由人工智慧決定全部事物的「數位獨裁」。

古代的人們總是聽從神諭或經典，這些均為決不可違逆之事。然則到了某一個時期，人類的自我思考開始凌駕神諭——我認為該分界點是在西元前一千年左右，哈拉瑞則說是在數世紀以前。無論分界點在何時，就哈拉瑞的論述來看，人類已經挺進奉人工智慧為新神諭的時代了。

在我看來，比起人類獨裁，數位獨裁衍生出的問題將會更為嚴峻，而最可怕的大概就是社群即將走向崩壞。因為合議的必要性減弱，從國政以至地方集會，人們不用再聚集決定什麼事情。所有社群之存在價值均可能受到動搖，人們將遵循人工智慧做出的合理決定來行事。

更進一步來說，光是歐洲與中國不同的法律觀念，就可能明顯投射在數位獨裁之發展方向上。

歐洲方面承繼「羅馬法」以來的傳統：先訂定規則，對違反規則做壞事的人予以取締；中國則正好相反，人們傾向認為「因為壞所以該罰」。

魯迅的《阿Q正傳》正是上述中國式想法之象徵：阿Q在故事最後被判處死刑，當下輿論竟是「自然都說阿Q壞，被槍斃便是他的壞的證據：不壞又何至於被槍斃呢？」

當「數位獨裁」式的價值觀到來之時，假如用「因為壞所以該罰」的想法去對應，恐怕會釀成諸多問題：比如是否會產生「不遵從人工智慧判斷即為壞事，應該予以懲罰」這種判斷依據，就是一個頗具深意卻又讓人不安的問題。

此刻應學習的歷史教訓

憑藉人工智慧來實踐「數位獨裁」，確實有可能做出相當正確的判斷。這麼一來，搞不好就像過去柏拉圖肯定哲學家君王那般，有些人也會覺得「數位獨裁比較好」。

誠如本章開頭所述，獨裁政體的其中一項特徵，就是每個人無須自己做決定，某種意義上是比較「輕鬆」的。如果人工智慧判斷的正確性夠高，不可否認人們就會自然而然偏往安逸的方向前進。

至今為止的歷史之中，往往較為強調獨裁者壞的一面，特別是二十世紀的史達林、希特勒、墨索里尼、毛澤東等案例更讓獨裁政體遭到諸多批判。

要是真的發生數位獨裁，人們應該如何下判斷呢？這在將來可能會是一個嚴重的問題，硬要說的話，哈拉瑞本人似乎也對此抱持悲觀的看法。

但是哈拉瑞也意味深長地指出：倘若人工智慧能取代人類的工作，人們就能得到更充裕的時間。而把這些時間用在育兒、興趣等，並藉此創造新的社群，那就算處在人工智慧時代，亦不至於失去人與人的連結，我覺得這一點非常的重要。

基於數位化、人工智慧普及的發展，讓人們得以換取更充分的時間來創造新社群，這種狀態其實和理想的共產主義有所重合。共產主義訴說的理想狀態，便是人們提高生產力後，可以在上午勞動、下午從事自己的興趣。

從二十世紀的歷史裡，我們可以看到社會主義、共產主義的嘗試均已失敗。然而這是指以「平等」為基準的社會主義和共產主義失敗，假使換一個角度來看，以「自由」作為社會主義、共產主義之基準，或許就還有其他的可能，而且說不定還會將其推往數位獨裁的方向。

仔細想想，古希臘與羅馬的「公民社會」正是建立在奴隸擔任勞動階級的前提下。由奴隸負責勞動，富裕的人們才能埋首於他們的興趣和享樂。現在若能好好運用數位化、人工智慧與機器人普及等技術，或許也可達到這種狀態。

如此真有可能做到嗎？或者，當我們真正實現該狀態時，會出現什麼問題點嗎？關於這個想法，其實研究古希臘、古羅馬就是一條意想不到的捷徑。

哈拉瑞在前揭著作裡頭，以古代社會尼羅河的氾濫來比喻今後即將到來的大變化。尼羅河氾濫絕非單一部族傾盡全力可阻止之事，因此需要各個部族共同合作應對。亦即從現在起，我們的思考範圍不再只限於一國之內，而應以全球規模思考。他的這個觀點可謂意義深遠，而古代歷史的教訓應能教導我們如何探討相關問題及挑戰。

歷史可以在我們開拓未來之時提供高深的智慧。基於這一點，就算有時教育行政內部出現一些輕視古代史、前近代史的意見，我們也不該做這愚蠢之事。為了因應數位化、人工智慧與機器人普及的社會變化必然趨勢，我們必須學習獨裁、民主、共和政體的歷史——這就是我想強調的，而本書亦以此作結。

附錄：獨裁相關歷史大事年表

一、古希臘

年代	歷史大事
西元前約八〇〇年	雅典建立，希臘世界逐漸形成城邦
前七世紀初	從王政轉變為貴族政體
前約五九四年	梭倫之改革（民主政體萌芽）
前約五六〇年	庇西特拉圖成為僭主
前五二七年	庇西特拉圖去世，其子希庇亞斯、喜帕恰斯之僭主政治開始
前五一四年	喜帕恰斯遭到暗殺，希庇亞斯之暴政開始

西元前五一〇年　希庇亞斯被雅典市民流放（僭主政體終結）
前五〇八年　克里斯提尼大改革（民主政體奠基）
前四九三年　泰米斯托克利擔任執政官
前四九〇年　第一次波希戰爭爆發
前四八〇年　第二次波希戰爭爆發
前四七八年　提洛同盟成立，雅典霸權確立
前四六二年　厄菲阿爾特之改革，民主政體完成
前四五四年　提洛同盟將金庫移交給雅典管理
前四五一年　伯里克里斯制訂「公民權」法
前四四三年　伯里克里斯擔任將軍，民主政體全盛時期
前四三一年　伯羅奔尼撒戰爭爆發
前四二九年　伯里克里斯去世
前四一五年　亞西比德煽動雅典遠征西西里
前四〇四年　伯羅奔尼撒戰爭結束，雅典戰敗投降，斯巴達確立霸權
前三三八年　腓力二世率領馬其頓打敗雅典、底比斯聯軍
前三三八年　希臘同盟成立

二、古羅馬

年代	歷史大事
西元前七五三年	羅慕路斯建立羅馬
前五三五年	盧修斯．塔克文即位，暴政開始
前五〇九年	塔克文一族遭到流放，王政改制為共和政體
前四九四年	設置護民官
前約四五〇年	制訂《十二表法》
前二七二年	羅馬統一義大利半島
前二六四年	第一次布匿克戰爭爆發，歷經第二、三次，最後於前一四六年結束
前一六八年	羅馬攻陷馬其頓，馬其頓王國滅亡
前一四六年	羅馬攻陷迦太基，稱霸地中海世界
前一三三年	格拉古兄弟開始進行改革。
前八十二年	蘇拉就任獨裁官
前七十三年	斯巴達克斯叛亂
前五十九年	克拉蘇、龐培、凱撒之前三頭政治開始

西元前四十四年	凱撒就任終身獨裁官，次月遭到刺殺
前四十三年	屋大維、安東尼、雷比達之後三頭政治開始
前二十七年	屋大維獲元老院賜名「奧古斯都」，成為羅馬實質上的皇帝
西元三十七年	卡利古拉登基，暴政開始，四十一年遭到暗殺
五十四年	尼祿登基，暴政逐漸成為常態，六十八年自殺
九十六年	五賢君時代開始，至一八〇年結束
二三五年	馬克西米努斯登基，軍人皇帝時代開始
二八四年	戴克里先登基，專制君王制度開始
三九五年	東西羅馬帝國分裂
四七六年	西羅馬帝國滅亡

三、近代歐洲

年代	歷史大事
西元一七七四年	（法）路易十六世即位
一七八九年	（法）巴黎市民攻擊巴士底監獄
一七九一年	（法）國民議會通過憲法，成為立憲君主政體之基礎
一七九二年	（法）吉倫特派向奧地利宣戰，發表共和制度宣言
一七九三年	（法）路易十六世遭到處死，羅伯斯比爾之恐怖政治開始
一七九四年	（法）羅伯斯比爾遭到處死
一七九八年	（法）拿破崙遠征埃及
一七九九年	（法）執政府成立，拿破崙就任第一執政
一八〇二年	（法）拿破崙就任終身第一執政
一八〇四年	（法）拿破崙就任皇帝，第一帝政開始
一八一四年	（法）拿破崙退位，路易十八世即位
一八一五年	（法）拿破崙復辟，滑鐵盧戰役後路易十八復辟
一八六一年	（俄）農奴解放宣言

西元一八六六年　（德）普奧戰爭

一八七〇年　（德）普法戰爭（至一八七一年），德意志帝國成立，威廉一世就任首任皇帝

一八七八年　（德）俾斯麥召開柏林會議

一八八八年　（德）威廉二世就任皇帝

一八九〇年　（德）俾斯麥辭掉首相一職

一八九四年　（俄）尼古拉二世即位

一九〇四年　（俄）日俄戰爭（至一九〇五年）

一九〇五年　（俄）血腥星期天事件，人民對皇帝失去信任，革命就此開始

一九一四年　第一次世界大戰（至一九一八年）

一九一七年　（俄）羅曼諾夫王朝被革命推翻，列寧建立蘇維埃政權

一九二〇年　（德）德意志勞工黨改組為國家社會主義德意志勞工黨（納粹）

一九二一年　（義）國家法西斯黨組黨

一九二二年　（義）墨索里尼進軍羅馬，建立法西斯黨政權；（俄）蘇維埃聯邦成立

一九二四年　（俄）列寧過世，史達林之暴政開始

一九二五年　（義）墨索里尼在議會發表獨裁宣言

西元一九二九年	經濟大恐慌；（義）法西斯黨於大選贏得議會全部席次；（俄）托洛斯基遭到流放
一九三三年	（德）希特勒內閣成立
一九三四年	（德）希特勒就任總統
一九三六年	西班牙內戰（至一九三九年）；（俄）史達林憲法制訂
一九三九年	第二次世界大戰（至一九四五年）
一九四三年	（義）墨索里尼被禁錮，由德軍救出
一九四五年	（義）墨索里尼遭到處死；（德）希特勒自殺
一九五三年	（俄）史達林過世，政治肅清實況曝光

獨裁的異議

從雅典民主、羅馬共和到近代獨裁的思辨

獨裁的異議：從雅典民主、羅馬共和到近代獨裁的思辨／本村凌二著／李瑋茹譯／初版／新北市／八旗文化出版／遠足文化事業股份有限公司發行／2021.11／譯自：独裁の世界史
ISBN 978-986-0763-56-0（平裝）

一、獨裁 二、政治制度 三、世界史

571.4
110016599

作者 本村凌二（もとむら りょうじ）
譯者 李瑋茹

主編 洪源鴻
責任編輯 涂育誠
企劃 蔡慧華
封面設計 許紘維
排版 宸遠彩藝

社長 郭重興
發行人兼出版總監 曾大福
出版發行 八旗文化／遠足文化事業股份有限公司
地址 新北市新店區民權路108-2號9樓
電話 〇二～二二一八～一四一七
傳真 〇二～八六六七～一〇六五
客服專線 〇八〇〇～二二一～〇二九
信箱 gusa0601@gmail.com
臉書 facebook.com/gusapublishing
部落格 gusapublishing.blogspot.com
法律顧問 華洋法律事務所／蘇文生律師
印刷 成陽彩色印刷有限公司

出版日期 二〇二一年十一月（初版一刷）
二〇二二年〇四月（初版二刷）
定價 四二〇元整
ISBN 9789860763560（平裝）
9789860763577（EPUB）
9789860763553（PDF）

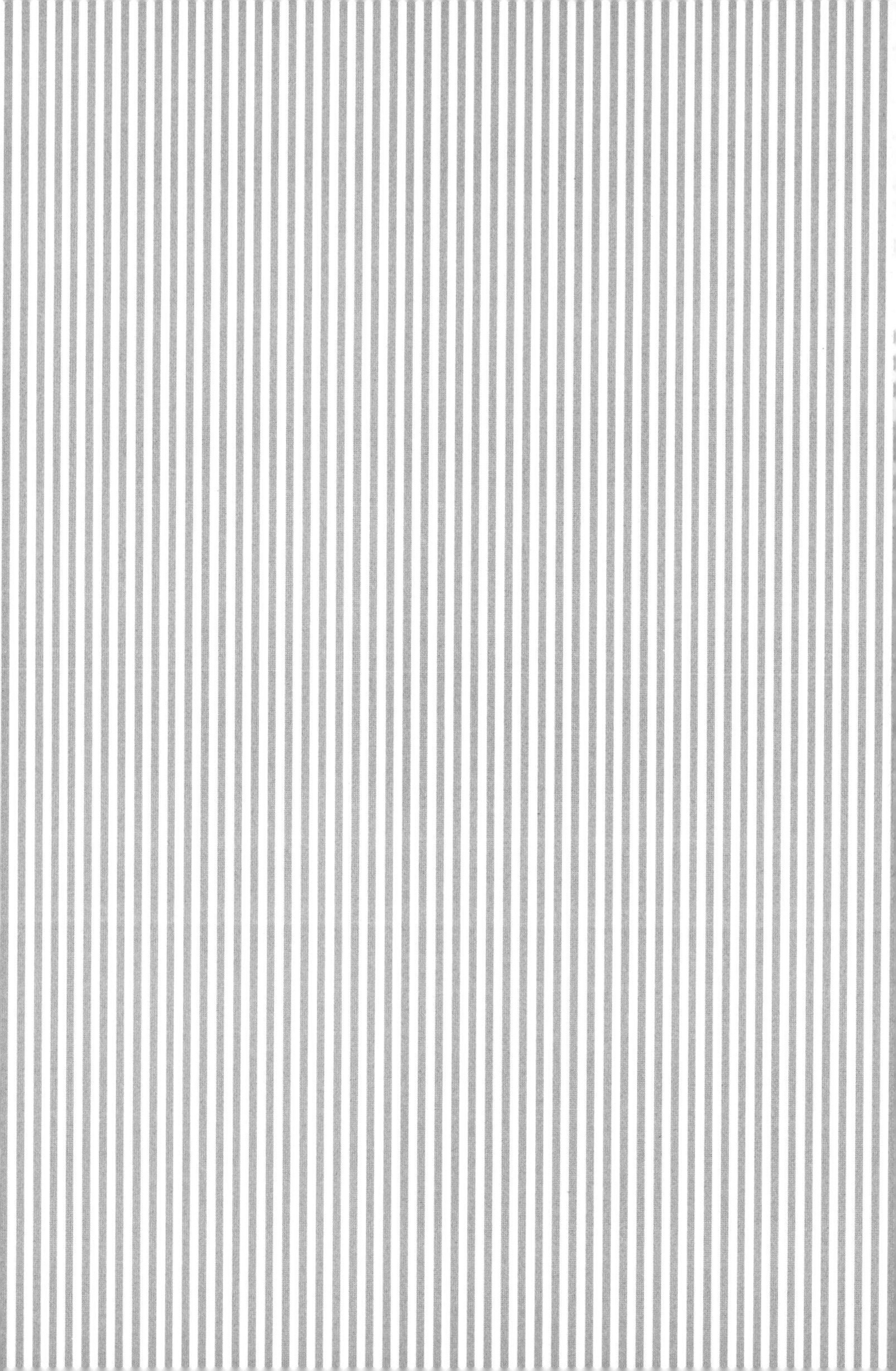